Le tour du calendrier

Other books for students of French from Stanley Thornes and Hulton include:

M and E Bonnea *A la découverte de la France*

E-P Davoust *Danger de mort*

J Hall *Escalier* (Pupils' Books, Teacher's Book, Flashcards, Cassettes)

K Heurin *A la découverte de Paris*

Inner London Education Authority *Studio 16* (Students' Books, Teacher's Books, Cassettes)

P Lupson and M Pélissier *Everyday French Idioms*

M Mitchell *Working with French* (Course Book, Teacher's Book, Cassette)

C Neamat *Scènes de France*

M Nicoulin *The French Verb*

J S Oudot *French Verbs and Essentials of Grammar*

J S Oudot *Guide to Correspondence in French*

J S Ravisé *Tableaux culturels de la France*

R Steele and J Gaillard *Ainsi va la France* (Course Book, Cassettes)

R Symons, Z Bowey and F Donaldson *En direct de la France* (Reading materials from authentic sources)

Details of these books and others for students of German, Spanish, Italian and Dutch are available on request.

Le tour du calendrier

Graham Bishop
Head of Modern Languages, Frome College

Stanley Thornes (Publishers) Ltd

First published in 1988 by:
Stanley Thornes (Publishers) Ltd
Old Station Drive
Leckhampton
CHELTENHAM GL53 0DN
England

British Library Cataloguing in Publication Data

Bishop, Graham, *1946–*
    Le tour du calendrier
    1. French language—for schools
    I. Title
    448

    ISBN 0–85950–831–5

Typeset by Tech-Set, Gateshead, Tyne & Wear
Printed and bound in Great Britain at The Bath Press, Avon

CONTENTS

Many of the activities listed below are followed by diary entries. These should be completed as fully as the core or extended routes allow.

Key

L1 Level 1 on the core route. Can be used by classes in year 4 or 5 using the book for the first time.

L2 Level 2 on the extended route. Can be used by everyone aiming for grades A & B of the GCSE.

Note: These levels are only a guide.

Conversations	Rôles	Messages	Narrations	Letters

PREFACE

Background

The National Criteria for GCSE require the use of authentic material in assessment and therefore, by implication, in teaching. For reading and listening comprehension this does not present too many practical difficulties. However for speaking and writing it is possible only to simulate real-life *contexts* for the skills to be tested in but not actual authentic speaking or writing situations, since by definition the writer, and at least one of the speakers, is not native.

All teachers recognise the difficulty of creating situations in which speaking or writing appear even partially natural – the word rôle-play itself means acting out a part normally played by someone else – the very opposite of authentic.

The aim of this book is to combine speaking and writing skills in a novel way which will reduce the difficulty outlined above and provide positive motivation for the students to use and enjoy both methods of communication in a less artificial context.

Notes on method

The method I have chosen is to adopt the theme of a diary. Students are asked to keep an account in French of events which have actually taken place either in the classroom as rôle-play or in reality in their own lives. The diary can of course contain cuttings and drawings and thus be partly a scrap-book. In this way the diary will be a narration of real events and be less contrived in the student's mind.

The tasks set reflect the current syllabuses of GCSE French in terms of skills and content. The skills involved in each chapter combine taking part in interviews, rôle-play, reading or writing letters and postcards, writing and replying to messages and phone calls, and narration, both spoken and, through the medium of the diary, written.

A communicative approach to teaching is assumed and extensive use is made of information-gap techniques. The activities are designed to encourage individual initiative on the part of the learner and co-operation with a partner or partners.

Real time and diary time

There are ten chapters entitled September to June to reflect the school year and the activities and topics are linked to the time of the year in order to increase the authenticity of the diary concept. Though it is not essential to maintain exact correlation between real time and diary time, this will probably be thought desirable by most teachers and pupils.

The number of lessons spent by teaching groups on an activity and skills support book such as this will depend on the allocation per week for the subject as a whole and on the level of ability of the group. Some groups may be able to finish each diary month exactly within a real month and still continue with their commitment to the main course book.

Others may prefer to select certain items in the fourth year and then to use the book again in the fifth year, repeating some items and attempting those previously omitted.

In order to help teacher and student to adopt the latter approach I have made use of symbols to recommend those activities which could constitute level one (or first year of use) and level two (second year of use). The theme of the month will remain the same as far as possible at both levels. Teachers are asked to refer to the Contents where the recommendations for the two different levels are made.

The keeping of a diary

The writing of a diary in French has proved to be very motivating in the classroom; the students pick up the idea very quickly. Rather than impose a method of introducing diary writing on the teacher and student, I have provided an example of a diary written in French by a 16-year-old French girl. It contains entries describing her daily routine and includes such items as visiting the dentist, going to a film, an outing to the shops and going on holiday. The teacher will be able to use the diary as a basis for introducing the writing skills in the way which suits him/her best. The students will be able to use the diary as an example to imitate and to refer to. The resulting narration will increase the confidence of the students to express themselves on paper, since they will be describing and narrating events which actually took place.

All GCSE candidates attempting writing above core/basic level will be expected to be able to write letters and narrate events or stories. The diary will help to put the task of narration into a more genuine context, and to reinforce the oral work that has led up to the written task.

How to use this book

It is intended that the *How to use this book* section should be worked through carefully with all pupils so that the aim of this book is fully understood by them. With the exception of one or two rôle-play situations it is the only chapter with any English instructions. I have suggested ideas and methods of working for both teacher and pupils, whilst leaving their interpretation and exploitation as flexible as possible.

The prime aim is that of communication, closely followed by the building of confidence and the establishment of a genuine and personal workbook in the form of a (partly fictional) diary which will provide self-motivation. Suspension of disbelief will be easier for the pupil than the teacher and in some cases personal entries will provide an increasing proportion of the total work output.

Acknowledgements and thanks

In the preparation of this book I have received invaluable help, advice and contributions from Mrs Joan Bishop, from Mme Jacqueline Rodskjaer and from Mlles Cécile and Sophie Bousseau and would like to thank them all for their encouragement and contributions.

Graham Bishop

ACKNOWLEDGEMENTS

The author and the publishers are grateful to the following for permission to reproduce material:

Documents Office du Tourisme Chamonix Mont-Blanc France
Documents Office de Tourisme de Nantes – dessins de Jean Bruneau
French Railways – SNCF
Frome and District Tourism Association
Hôtel de Champagne, Marnaval, Saint-Dizier
La Maison de la Randonnée, Rennes
Office de Tourisme de Caen, with kind permission of the city of Caen
    Creative Director, F Allinne
Office de Tourisme de Rouen
P&O European Ferries
Syndicat mixte d'aménagement et de développement du Boulonnais
Vedettes Armoricaines, Granville.

Every attempt has been made to contact copyright holders, but we apologise if any have been overlooked.

HOW TO USE THIS BOOK

This book is designed as a DIY book – you, the student, do it all yourself! Your teacher will guide and help out where necessary, but the tasks are set in such a way that you and your partner or partners should be able to complete them with the minimum of outside help. In this chapter – the only one with instructions in English – some hints and tips will be suggested, but in practice you will develop your own methods as you progress through the book and gain confidence.

The diary

The theme of the book is to create your own French diary, called a *Journal Intime*. The object is to describe and set out situations orally which you then follow up by writing about them as if they really happened – which will be true in a theatrical sense, since you will for example have actually performed the rôle-plays and telephone conversations before you write about them in your diary.

You can of course write extra entries in your diary in French describing events that really have taken place, such as going to the cinema, going shopping, seeing friends and going to parties. You can send away for brochures and include these along with cuttings, drawings, and photographs in your diary. The important thing is to make your diary your own personal property.

Communicating

To start with you and your partner will probably feel a little bit silly and even embarrassed at asking each other questions and having discussions in French, but these feelings will soon vanish. Don't worry about accuracy too much; that will come naturally as you gain more experience both in speaking and writing.

Read the letter below from a French girl to her new pen-friend:

MERRY EASTER !!!

Tracy

jeudi 10 février
2 rue du Bac
22200 GUINGAMP

I having very well receive (ta) letter. My name's Angèle. I'm thirteen years old. I have got one brother, her name's Martin. He's twenty two years and he's working with my father. They are working at the "fromagerie Maire" and my mother is a workwoman. I live in Ploumagoar but I go to school to Guingamp.

My birthday is the seven March. I like music, (A-HA = I worship) I like T.V., the swimming-pool too. I hate going to doctor.

My bedroom is small but it is good organised.

The colour is blue with flowers. The flowers are, of course, small.

Perhaps so long !
Maui, Angèle, your friend
PS: merry Easter

BYE! BYE!

You can very quickly see that though there are lots of mistakes you can easily understand what Angèle is saying, apart perhaps from the word workwoman (*femme de ménage*).

Task 1

Make a list of the mistakes and try to work out how they occurred by thinking of the original French which was in Angèle's mind. For example:

the seven July *from* le sept juillet.

Preparation

Your teacher will guide and help you in some of the tasks set, but generally you and your partner will need to read carefully through the *whole* of each task before starting work on it. Occasionally there will be letters to write and send to France at the beginning of the month; more often you will need to either:

read brochure extracts through carefully,

or prepare answers to questions,

or check for vocabulary in other text books or reference books,

or draw maps, plans or pictures,

or bring in a photograph or postcard, or obtain a local brochure.

This preparation will achieve two things at the same time – it will enable you to talk with your partner in French and also to write it up in your diary afterwards.

Taking notes

Sometimes you will be asked to take notes in French when questioning your partners. Don't be too laborious about this – it is very simple and can be practised quickly in class with a short sequence of questions and answers. For example:

Task 2

Ask your partner the following questions and jot down his/her answers as briefly as possible:

	Notes (example)
Quel âge as-tu?	15
Où habites-tu?	Frome
Tu as ta propre chambre?	Oui
Quel groupe de musique pop préfères-tu?	Queen
Tu vas sortir ce soir?	oui, cinéma

Remember: if you are unsure what the reply was, then put the question again or ask for the answer to be repeated.

Task 3

Make up your own sequence of questions and try them out on three different friends – taking down notes. When you have finished, use your notes to report back in French to your first partner.

For example: «John m'a dit qu'il a 15 ans, qu'il habite à Frome, qu'il a sa propre chambre. Il aime le groupe Queen et il va au cinéma ce soir.»

Sentence building

When writing your diary, or the messages, postcards and particularly the accounts of visits and excursions (the *narrations*), you will need to write longer and carefully thought-out sentences. Look at the following sequence. Information can be presented in either:

A Note Form	Vais au cinéma ce soir, avec Sally. Rendez-vous 8 heures.
or	
B As a Message	Je vais au cinéma Rex ce soir avec mon amie Sally. Je vais la rencontrer devant le cinéma à 8 heures.
or	
C As in a Diary	Sally et moi, nous avons décidé d'aller au cinéma ce soir parce que nous voulons absolument voir le film *Crocodile Dundee*. La séance commence à 8 h 15 au cinéma Rex et nous nous rencontrerons place du marché à 8 heures.

The same basic information is contained in each of the three different forms. Discuss with your teacher how to build up your sentences in this way.

Task 4

Write similar expanding sequences using the notes below as starters:

1   Dentiste a téléphoné. Changement de rendez-vous. Jeudi 10 h 15.

2   Papa a téléphoné. Beaucoup de travail. Va rentrer 8 heures ce soir.

3   Beaucoup de neige. Voiture ne démarre pas. En retard pour la soirée.

4   Deux amis arriveront après-midi. Piscine? Ou cinéma s'il pleut.

5   Mère malade. Appeler docteur. Trois jours de repos à la maison.

Le journal intime

Keeping your diary should be both fun and a way of writing in French as naturally as possible. There is no set method or form and as has been said earlier, the addition of personal touches will greatly add to the enjoyment and usefulness of the diary. By keeping a continuous record which develops over the fictitious year you will be able to look back and instantly assess your own progress.

A loose-leaf folder would be the most flexible form of diary and enable you to add your drawings and pictures and make changes easily. The extracts on pages xvii–xxi are all from the diary of a 16-year-old French girl called Cécile and will give you an idea of how you might like to write your own entries. Each extract has had a short title added to help you, but otherwise they are reproduced as originally written.

Task 5

Study the extracts carefully – the best way to learn is to imitate. You might use some of the following techniques to help you in your study:

1 Read each extract two or three times *before* you reach for the dictionary.

2 List words and expressions you do not know.

3 Make written translations of *short* extracts.

4 Try a *spoken* translation of some extracts to your partner.

5 Learn one entry and try to write it out from memory.

6 Take a similar incident in your own lives and *adapt* the entry to your circumstances.

Le départ matinal
pour le collège

vendredi 10 septembre

Ce matin, mon radio-réveil a sonné à 6h42 comme chaque matin. Après quelques instants, ma main s'est avancée lentement pour éteindre le bouton et quand je me suis aperçue avec horreur que j'étais en retard d'un quart d'heure, j'ai sauté de mon lit. J'ai enfilé ma robe de chambre et descendu les marches de l'escalier 4 à 4.

Après avoir avalé rapidement mon petit déjeuner composé de céréales, café au lait et laitage, j'ai réveillé papa et j'ai fait réchauffer son café. Dix minutes après, j'ai pris mes affaires et je suis montée dans la voiture où papa m'attendait impatiemment, car je suis toujours en retard. Comme d'habitude, je suis arrivée juste à temps pour mon premier cours (d'anglais) qui est à 8 heures.

Visite chez le dentiste

mardi 14 septembre

Aujourd'hui, j'ai dû aller chez le dentiste. Arrivée devant sa porte, j'ai sonné et son assistante est venue m'ouvrir. Elle m'a fait entrer dans la salle d'attente et j'ai feuilleté plusieurs magazines en attendant mon tour. Je suis enfin entrée dans le cabinet et le dentiste m'a fait asseoir sur le fauteuil. Il m'a demandé quelle était la dent qui me faisait mal et il m'a dit qu'il allait la plomber. J'ai eu un peu peur quand il a passé la roulette sur ma dent. Dix minutes après, les soins étaient terminés et j'étais très contente de partir.

Excursion à Bordeaux

jeudi 30 septembre

Ce matin, papa m'a déposée en ville en allant au bureau. J'avais donné rendez-vous à Cathy et Laurence devant le magasin "Happy Days" et de là, nous sommes parties faire des achats. Nous voulions faire un cadeau à une amie et nous avons mis longtemps à nous décider. Après lui avoir acheté un parfum aux Galeries Lafayette, nous sommes allées déjeuner dans une crêperie.

Visite au cinéma

samedi 24 octobre

Vendredi, j'ai décidé d'aller au cinéma avec des amis et nous nous sommes donné rendez-vous devant le "Gaumont" pour la première séance de 14 heures.

Nous avons choisi parmi les dix films présentés, puis nous avons acheté nos billets après avoir fait la queue.

L'ouvreuse nous a fait entrer dans la salle et nous a indiqué des places. Nous avons tout d'abord vu un documentaire d'un quart d'heure sur les sports de glisse, tels que le ski alpin et le ski nautique, la planche à voile et le surf. Puis, nous avons vu quelques bande-annonces de films qui allaient bientôt sortir sur les écrans et enfin quelques publicités.

À l'entracte, l'ouvreuse est venue dans la salle pour vendre des glaces, des bonbons et autres friandises. Enfin, le film a commencé. C'était un très bon film d'aventures - fantastique ! Après le film, la lumière s'est rallumée et nous avons quitté la salle. Nous avons fait les magasins et puis nous sommes allées dans une crêperie manger une crêpe et boire du cidre. En fin d'après-midi, nous avons repris le bus pour rentrer à la maison, très contentes de notre excursion.

Visite chez des amis
le soir

mercredi 28 octobre

Hier soir, mes parents et moi avons été invités chez des amis pour fêter l'anniversaire de leur fille qui avait dix-huit ans, elle a de la chance parce que maintenant elle est majeure. Il y avait d'autres amis et nous étions à peu près une douzaine. Nous avons d'abord pris l'apéritif dans le salon. Et tout le monde a donné son cadeau à Cécile. Elle a reçu un pendentif avec une chaîne, un bracelet en perles et un bracelet en or. Son papa lui avait également offert avant le repas un bouquet de roses roses.

Puis nous sommes passés à table. La maman de Cécile avait préparé un très bon repas. Sur son gâteau d'anniversaire ses parents avaient disposé 18 bougies. Nous avons beaucoup ri parce que chaque fois qu'elle soufflait pour les éteindre, elles se rallumaient aussitôt car elles étaient truquées. Après le repas, nous avons joué du piano et chanté. Vers une heure du matin, nous nous sommes quittés.

Le départ pour les vacances de neige

lundi 7 novembre

Samedi matin, papa est venu me chercher au lycée et nous sommes partis directement au ski dans les Pyrénées, à la Mongie, une station de sports d'hiver. Maman forçait papa à ralentir durant tout le trajet; nous avons roulé pendant trois heures et demie. Arrivés sains et saufs devant l'appartement, nous avons déchargé les nombreux bagages et vivres. Je me suis empressée de prendre mon équipement et de chausser mes skis. Comme je grandis de pied chaque année, je n'étais pas très à l'aise et j'ai dû aller louer d'autres chaussures au magasin en bas de la résidence. Après avoir retrouvé les joies du ski, je suis rentrée au studio pour prendre un thé et me reposer.

SEPTEMBRE

L1 **Première conversation:** Ta routine quotidienne
(première partie)

(1)   Pour cette première conversation ton/ta partenaire va te poser les questions suivantes sur ce que tu fais le matin. Tu y réponds avec autant de détails que possible. Ton/ta partenaire va prendre des notes sur tes réponses comme s'il/si elle était journaliste. (Voir page xv.)

À quelle heure est-ce que tu te lèves normalement?

Est-ce que tu partages ta chambre? avec ta soeur/ton frère?

Comment est la chambre? Décris-la.

Tu peux te laver dans ta chambre ou vas-tu à la salle de bains?

Pour aller au collège, quels vêtements portes-tu?

Tu descends pour le petit déjeuner à quelle heure?

Tu déjeunes en famille, ou seul(e)?

Qu'est-ce que tu prends? des céréales, du thé?

(2)   Maintenant pose les mêmes questions à ton/ta partenaire. Tu peux, bien sûr, ajouter des questions supplémentaires si tu veux. *Prends des notes* pendant que tu écoutes les réponses. Une fois la conversation finie, vous devez tous/toutes les deux vérifier en français les notes que vous avez prises en interrogeant ton/ta partenaire. Par exemple, tu demanderas:

Tu as bien dit que tu te lèves à 7 h 30? Non? Alors à quelle heure?

ou

Dans ta chambre, tu as dit qu'il y a un électrophone? Oui? C'est ça?

ou

Pour aller au collège, tu portes _____ . C'est bien ça?

1

⬚L1 **Ton journal intime**

Tu vas maintenant faire ta première entrée dans ton journal intime — une description de ta propre routine matinale. Tu pourrais commencer par exemple ainsi:

lundi 19 septembre

Ce matin, je me suis levé(e) à sept heures ....

⬚L2

Quand tu as fini ta propre routine, décris ce que ton/ta partenaire t'a raconté. Fais des comparaisons entre sa routine et la tienne. Par exemple:

Jane m'a dit qu'elle se lève d'habitude à 7 heures et demie - quelle chance! Moi, je dois me lever à 7 heures. Jane doit partager sa chambre avec sa sœur, mais moi, j'ai ma propre chambre.

⬚L2 **Premier rôle:** Le petit déjeuner français

C'est l'heure du petit déjeuner. Ta famille a soudain décidé de parler français pendant tous les repas (est-ce un mauvais rêve?!) et insiste que tout le repas se déroule en français. Avec deux ou trois amis composez ensemble une petite saynète de ce qui se passe autour de la table du petit déjeuner. Vous pourriez commencer par «Bonjour, maman. Bonjour, papa.»

Continuez avec des questions comme: «Quelle heure est-il? Où sont mes chaussures? Et mon cartable? J'ai perdu mon livre de français.» «Tu peux me passer le beurre/les céréales/le thé, s'il te plaît?» «Je peux avoir encore du thé, s'il te plaît, maman?»

Et terminez par exemple avec «Quelle heure est-il? Zut! Je suis déjà en retard! Je vais manquer le bus.»

Tes amis jouent le rôle de père, mère, frère, sœur, etc. (Tout le monde doit poser au moins deux questions.)

D'autres suggestions

Ta mère demande quels cours tu as aujourd'hui.

Tu demandes à tes parents ce qu'ils vont faire pendant la journée.

Ta mère veut savoir si tu as tous les livres qu'il te faut.

Tu demandes à ta mère si elle pourrait te préparer des sandwiches pour midi.

Répète les rôles avec tes partenaires. Quand tout va bien, signale-le à ton professeur et joue le petit scénario devant lui/elle et la classe.

L2 Ton journal intime

Maintenant raconte dans ton journal ce qui s'est passé ce matin pendant ce petit déjeuner en famille.

> *mardi 20 septembre*
>
> *« Ce matin, quand je suis entré(e) dans la cuisine, j'ai dit « Hello Mum » à ma mère mais elle a refusé de me parler en anglais, mon père aussi... C'était un vrai cauchemar ! »*

Pour t'aider à continuer:

Est-ce que tout le monde a parlé en français?

Et papa, il parle bien le français?

Qui a parlé le plus?

Qu'est-ce que tu as répondu aux questions de ta mère?

Tu aimes parler français au petit déjeuner?

L1 **Deuxième conversation:** Ton passe-temps favori

Ton/ta partenaire va essayer de deviner ton passe-temps favori. Essaie de répondre avec autant de détails que possible, mais ne dis pas le nom du passe-temps. Quand ton/ta partenaire a réussi à le deviner, c'est à toi de poser des questions et de deviner le passe-temps de ton ami(e). Tous/ toutes les deux, vous avez chacun(e) un maximum de dix questions.

Voilà quelques suggestions pour vous aider:

Ton passe-temps favori, c'est un sport?

On y joue avec un ballon?

Tu y joues au collège? Dans une équipe?

Il y a combien de joueurs dans l'équipe?

Tu le fais combien de fois par semaine?

Si ce n'est pas un sport, où fais-tu ce passe-temps? Dans un club? À la maison?

Ça coûte cher?

Alors tu joues d'un instrument de musique?

Alors tu aimes regarder la télé?

Quelle sorte de programme préfères-tu?

Quelle sorte de livre préfères-tu?

Quelle sorte de film préfères-tu?

L1 **Ton journal intime**

Maintenant que vous avez deviné tous/toutes les deux vos passe-temps, tu vas écrire ton journal intime.

Raconte ce qui s'est passé la dernière fois que tu as fait réellement cette activité préférée (par exemple, une visite au cinéma, une leçon d'équitation, un match de basket, une excursion avec les scouts, etc.)

L1 **Message:** Le cinéma

Tu es à Rouen chez ton/ta correspondant(e) pour quelques jours. Un(e) jeune Français(e) que tu connais t'a laissé un message.

Bienvenue à Rouen! Claude et moi, nous allons au cinéma ce soir. Si tu peux venir, téléphone-nous avant 5 heures.
Ton ami(e)
Thierry / Marie-Louise

Malheureusement le téléphone ne marche pas. Tu vas vite chez Thierry/ Marie-Louise. Personne! Bon, écris un message en français avec ta réponse. (Si tu peux les accompagner, fixe un rendez-vous. Si tu ne peux pas, dis pourquoi.)

L1 **Deuxième rôle:** Le coup de téléphone (même scénario)

Cette fois tu vas pouvoir téléphoner à Thierry/Marie-Louise pour répondre à son message. Un/une partenaire va jouer le rôle de Thierry/ Marie-Louise.

Toi	**Thierry/Marie-Louise**
Dis bonjour, etc.	Dis bonjour, etc.
Dis que tu as reçu le message.	Dis que tu es content(e).
Dis que tu veux bien venir.	
Demande quel film on passe.	Donne le nom du film.
Quels sont les acteurs principaux?	Réponds, en te référant à l'annonce ci-dessous.
Demande à quelle heure la séance commence.	
C'est à quel cinéma?	
Où se trouve ce cinéma?	
Fixe l'heure et l'endroit du rendez-vous.	
Demande à quelle heure ça finit.	

▣ Ton journal intime

Raconte exactement ce que tu as fait après avoir quitté la maison. Le film était bien? Résume un peu l'histoire. Où êtes-vous tous allés après le film? Chez des amis? À une discothèque? À un café? Directement à la maison?

▣ **Narration:** L'excursion (première partie)

Le lendemain Thierry/Marie-Louise est venu(e) chez toi et t'a demandé ce que tu as fait depuis la dernière fois qu'il/elle t'avait vu(e) en Angleterre. Alors, regarde bien le plan (l'itinéraire) et les notes ci-dessous. C'est l'histoire d'une petite excursion que tu as faite il y a quelques jours avant d'aller en France.

nous sommes arrivés
23 h 30 fatigués

voiture tombée en panne
(crevaison)

thé, gâteaux
au café à 16 h 00
acheté une carte postale
ensuite

l'intérieur peintures, meubles

après

d'abord (lions, girafes
etc.)

jeudi 08 h 00 nous avons
quitté la maison
(papa, maman, petit frère)

en voiture

nous avons visité
le château
et le safari parc

puis

snack bar 13 h 00

Peux-tu expliquer en français à Thierry/Marie-Louise ce qui s'est passé? Ton/ta partenaire va jouer le rôle de Thierry/Marie-Louise et va peut-être te poser des questions supplémentaires.

L2 **Deuxième message:** La carte postale

Pendant la visite tu as envoyé une carte postale à un(e) ami(e) français(e). Dessine la carte dans ton journal intime et écris un petit message d'à peu près 30 mots pour dire où tu es, avec qui, ce que tu as vu et ce qui te plaît le plus.

L2 **Narration:** Ton excursion (deuxième partie)

Cette fois tu vas décrire une *vraie* excursion que tu as faite (peut-être en France?) et expliquer ce qui s'est passé. D'abord tu vas en discuter avec ton/ta partenaire.

Voici quelques suggestions pour vous aider:

Où es-tu allé(e)? Avec qui?

À quelle heure est-ce que tu es parti(e)?

Comment as-tu voyagé?

À quelle heure es-tu arrivé(e)?

Qu'est-ce que tu as fait exactement?

Qu'est-ce que tu as vu?

Combien d'heures/jours as-tu passé(e)s là-bas?

Où as-tu mangé?

À quelle heure es-tu parti(e)/rentré(e)?

Maintenant que tu as tous les détails en tête en français, dessine un itinéraire illustré, comme dans l'exemple que tu as déjà étudié.

L2 **Maintenant à toi**

Raconte l'histoire de ton excursion à un groupe de tes ami(e)s ou à toute la classe, utilisant le plan pour t'aider. (Tu peux le dessiner au tableau noir aussi, si tu veux.) Tes ami(e)s peuvent te poser des questions s'ils/si elles veulent.

[L2] **Ton journal intime**

Rédige une version écrite dans ton journal de la visite. Ajoute des dessins ou des photos découpées dans des brochures si tu en as. N'oublie pas que tu as écrit une carte postale et que tu l'as envoyée à un(e) ami(e) pendant cette visite aussi. Qu'est-ce que tu lui as écrit?

[L1] [L2] **La lettre du mois de septembre**

Tu as plusieurs entrées dans ton journal maintenant. (Ton prof t'a peut-être demandé d'écrire deux ou trois autres paragraphes supplémentaires sur des événements qui ont eu lieu à l'école ou à la maison familiale pendant le mois.) Maintenant tu vas relire ton journal depuis le début et écrire une lettre à un(e) ami(e) qui habite dans une autre ville. Raconte-lui ce que tu as fait pendant ce mois. Écris entre 100 et 150 mots; ne donne pas trop de détails sur chaque activité.

OCTOBRE

L1   **Première conversation:** Ta routine quotidienne (deuxième partie)

(1) Ton/ta partenaire va te poser les questions ci-dessous sur ta routine quotidienne. Tu y répondras avec autant de détails que possible. Ton/ta partenaire va prendre des notes sur tes réponses comme s'il/si elle était journaliste. (Voir page xiv.)

> À quelle heure est-ce que tu quittes la maison pour aller au collège?
>
> Comment est-ce que tu y vas? À pied?
>
> Rencontres-tu des ami(e)s en route?/ Est-ce qu'un(e) ami(e) vient te chercher pour t'accompagner?
>
> Tu arrives quand?
>
> Le mardi, qu'est-ce que tu as comme premier cours?
>
> Quelle est ta matière préférée?
>
> La récréation dure combien de minutes? Qu'est-ce que tu fais?
>
> À midi, tu rentres, ou tu manges au collège?
>
> Qu'est-ce que tu manges d'habitude?

(2) Maintenant, c'est à toi! Pose les mêmes questions à ton/ta partenaire. Tu peux bien sûr ajouter quelques questions si tu veux. N'oublie pas de prendre des notes pendant que tu écoutes les réponses de ton ami(e).

(3) Une fois la conversation finie, vous devez tous/toutes les deux vérifier les notes que vous avez prises, comme vous l'avez fait au mois de septembre.

L1 **Ton journal intime**

Tu vas maintenant écrire ta première entrée dans ton journal intime pour le mois d'octobre — une description de ce que tu as fait ce matin entre le petit déjeuner et le déjeuner à midi. Tu pourrais commencer ainsi:

mardi 3 octobre

Aujourd'hui, j'ai quitté la maison à 8 heures 30 - j'étais un peu en retard ...

Tu peux aussi ajouter des détails de ce que ton/ta partenaire t'a répondu si tu veux. Par exemple:

Moi, je préfère les cours d'anglais, mais Paul / Claire préfère l'histoire - Je déteste ça !

L1 **Premier rôle:** Le snack à la cantine

C'est midi. Imagine que tu es en France avec ton/ta correspondant(e). Vous allez manger à la cantine ensemble. Étudie la carte ci-dessous et choisis ce que tu veux manger et boire. C'est un self-service, alors discute avec ton/ta partenaire pendant que tu choisis.

Collège de Kerpaour
mardi, 3 octobre
Menu du Jour
Entrées
œuf mayonnaise
ou
crudités
Plats du Jour
steak haché
ou
côte de porc
avec
frites ou salade
Dessert
glace
ou
fruit
ou
fromage
Boissons
jus de fruit
coca
eau minérale

Préparation

Étudie la carte à gauche.

Écris sur des morceaux de papier le nom des plats (avec un petit dessin si tu veux). Dispose-les sur la table comme si c'était une cantine self-service. Voir dessin ci-dessous:

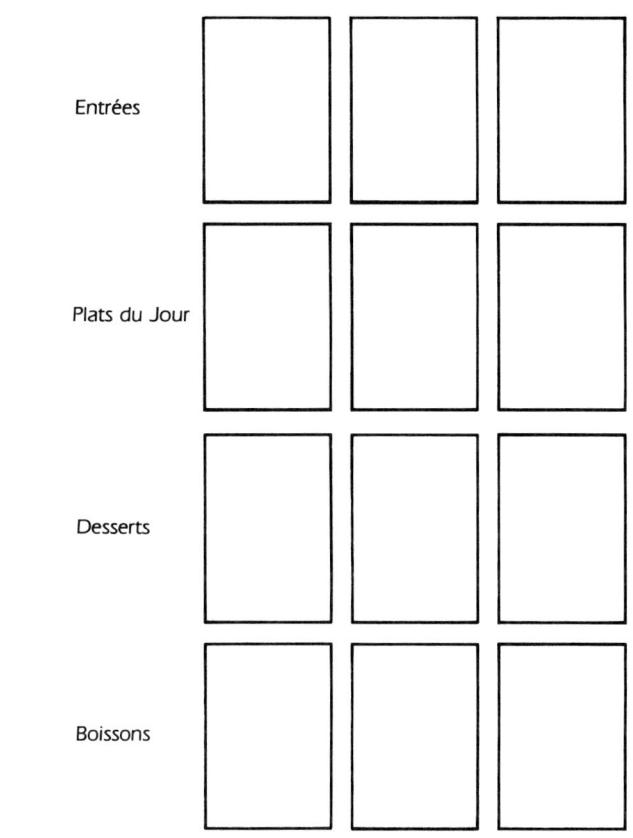

Lève-toi, prends un plateau, fais la queue et sers-toi!

Suivez tous/toutes les deux la forme de la conversation suivante. Préparez les phrases à l'avance.

Toi:	Qu'est-ce que tu prends comme hors d'œuvre ?
Partenaire:	(Dis que tu prends les crudités.)
Toi:	Euh, je déteste ça. Moi, je prends l'œuf mayonnaise.
Partenaire:	(Dis que tu as assez mangé de hamburgers. Tu suggères le porc.)
Toi:	Bonne idée, prenons la côte de porc. Tu préfères salade ou frites?
Partenaire:	(Tu préfères la salade.)
Toi:	Moi, j'adore les frites.

Partenaire:	(Dis que tu vas prendre une pomme seulement. Tu n'as pas vraiment faim.)
Toi:	Puisqu'il fait chaud aujourd'hui, je vais prendre une glace à la fraise. Tiens, il y a des glaces au chocolat. Tu adores ça.
Partenaire:	(Tu dis qu'il/elle a raison. Tu décides de prendre une glace au chocolat après tout.)
Toi:	Je prends un coca, et toi?
Partenaire:	(Dis que tu préfères un jus de fruit. Dis à ton/ta partenaire de ne pas oublier le pain.)
Toi:	Où sont les couteaux et les fourchettes?
Partenaire:	(Dis qu'ils sont là-bas, sur la table. Suggère les places libres près de la fenêtre.)
Toi:	Eh bien, bon appétit!

Changez de rôles et répétez la conversation. Faites tous/toutes les deux *un autre menu* avec des plats différents et jouez les rôles encore une fois, en changeant les détails au besoin.

◻L1 **Ton journal intime**

Maintenant tu vas décrire dans ton journal ce que tu as fait à midi. Tu pourrais commencer:

> *mardi 3 octobre*
>
> *Je suis allé(e) à la cantine du collège avec mon / ma correspondant(e). Nous avons bien mangé. Moi j'ai choisi ...*

◻L1 **Deuxième conversation:** Ta famille

Ton/ta partenaire va te poser des questions cette fois sur ta famille. Il/elle va noter tes réponses pour pouvoir remplir la fiche à la page ci-contre. Il/elle peut poser les mêmes questions sur autant de membres de ta famille (père, mère, grands-pères, grands-mères, tantes, oncles, frères, sœurs, cousins, etc.) qu'il/elle veut! Après chaque série de questions sur une personne, change de rôle et pose les questions sur un membre de la famille de ton/ta partenaire.

Préparation

Vérifie que tu sais comment répondre aux questions sur ta famille! Sais-tu vraiment combien pèse ta mère, par exemple? *Apporte aussi une photo de ta famille en groupe si c'est possible.* Ton/ta partenaire peut ainsi poser des questions sur toutes les personnes sur la photo.

Pour chaque membre de la famille fais une copie de la fiche.

Fiche	example answers
nom:	Fred
âge:	15
taille:	1.5 m
poids:	40 kilos
yeux (couleur):	bleus
cheveux (couleur):	bruns
(caractéristique):	frisés
anniversaire:	le 7 juin
passe-temps:	foot, musique
travail/profession:	lycéen

Questions

Comment s'appelle-t-il/elle?

Quel âge a-t-il/elle?

Combien mesure-t-il/elle à peu près?

Combien pèse-t-il/elle à peu près?

De quelle couleur sont ses yeux?

De quelle couleur sont ses cheveux?

Comment sont ses cheveux? Longs?

Quelle est la date de son anniversaire?

Quel est son passe-temps favori?

Que fait-il/elle dans la vie comme travail?

Questions supplémentaires

Est-ce que tu as des frères ou des sœurs?

Est-ce que tes grands-parents vivent toujours?

Est-ce que ton frère/ta sœur est marié(e)?

Combien de neveux et de nièces as-tu?

Combien de frères et de soeurs tes parents ont-ils?

Combien de cousins et cousines as-tu?

Jeux possibles

(1)   Fais des dessins simples de ta famille. Ton/ta partenaire doit deviner qui c'est, d'après les descriptions et détails qu'il/elle possède déjà.

ton frère?
ton cousin?

ta mère?
ta sœur?

(2) Tu poses dix questions sur les membres de *ta* famille à ton/ta partenaire. (Par exemple, mon frère, quel âge a-t-il?) Ton/ta partenaire doit répondre sans regarder ses fiches et il/elle gagne un point pour chaque réponse correcte. Change de rôles, essaie de répondre à *ses* questions, et de gagner plus de points que ton adversaire.

(3) En posant des questions essaie de créer l'arbre généalogique de ton/ta partenaire. Voici un exemple pour t'aider:

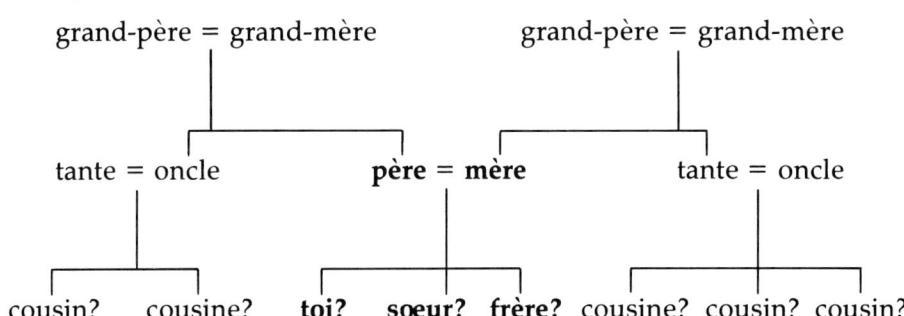

Tu auras besoin du nom et de l'âge de chaque membre de la famille. Voici des questions possibles:

Alors, tu as un frère? Quel est son nom? Quel âge a-t-il? Et ton père, il a des frères? Comment s'appelle donc ton oncle? Et ta mère? Tu as deux sœurs? Est-ce que ta tante a des enfants? Combien de cousins ou de cousines as-tu?

L1 Ton journal intime

Aujourd'hui tu vas décrire dans ton journal la famille de ton/ta partenaire. Tu as bien sûr les fiches que tu as remplies pour t'aider. Tu pourrais commencer ainsi:

> mercredi 4 octobre
>
> Claire m'a parlé aujourd'hui de sa famille.
> Elle a un frère. Il s'appelle John et il a
> les cheveux bruns et frisés. Son père....

L1 Premier message

Ce matin, avant de partir pour le collège, tu as reçu la lettre à la page ci-contre de ton/ta correspondant(e) Martin(e) qui va venir passer la mi-trimestre chez toi.

Chateau Gontier,
le 10 octobre

Cher/Chère ami(e),

Juste un petit mot pour te dire que
j'arriverai comme prévu à la gare
de Victoria à Londres le 25, à 16.21
au quai six. Je porterai un béret
rouge (très à la mode!) et mon manteau
bleu. J'ai deux valises blanches. Tu
as une photo de moi aussi, je crois.

À bientôt,

ton ami(e) Martin(e)

Tu dois vite lui envoyer *une carte postale* pour l'assurer que tu viendras le/la rencontrer à la gare. Dis-lui que tu vas l'attendre devant l'entrée du quai numéro six avec ton père. Décris comment toi et ton père serez habillés pour que ton/ta correspondant(e) puisse vous reconnaître.

L1 **Deuxième rôle:** La rencontre à la gare

Ton/ta correspondant(e) Martin(e) arrive à la gare Victoria. Avec deux partenaires (ton père et Martin(e)) entrez dans la conversation qui aura lieu quand il/elle vous reconnaîtra au quai six.

Martin(e)	C'est bien Monsieur Smith et _____? C'est moi, ton/ta correspondant(e) Martin(e).
Toi	(Dis oui. Tu te présentes et tu présentes ton père.)
Martin(e)	Enchanté(e), Monsieur. Salut _____.
Toi	(Dis que tu es très content(e) de faire sa connaissance enfin.)
Martin(e)	Moi aussi, je suis ravi(e).
Toi	(Demande s'il/si elle a fait un bon voyage.)
Martin(e)	Oui, pas mal merci. Mais je suis fatigué(e).
Père	(Ton père offre de prendre sa valise et dit que la voiture est devant la gare.)
Martin(e)	Merci, j'ai ces deux valises et mon sac.

L2   Vous allez à la voiture. Toi et ton père, demandez à ton ami(e) des détails sur son voyage, en posant les questions suivantes *à tour de rôle*:

> À quelle heure as-tu quitté la maison?
>
> Qui t'a accompagné(e) jusqu'à la gare?
>
> Est-ce que tu as dû changer de train pour aller à Paris?
>
> Combien de temps as-tu dû attendre à Paris?
>
> Est-ce que tu as pris un taxi ou le métro pour changer de gare?
>
> La traversée de la Manche, était-elle agitée ou calme?
>
> As-tu eu le mal de mer sur le ferry?
>
> As-tu mangé à bord?
>
> Le voyage par le train depuis Douvres, combien de temps a-t-il duré?

Ton invité(e) va répondre avec les détails de son voyage imaginaire.

Quand la conversation va bien et sans trop d'hésitations, demande à ton professeur de l'écouter et si possible de l'enregistrer sur cassette.

L1 **Ton journal intime**

Dans ton journal intime tu vas bien sûr décrire la rencontre à la gare avec ton/ta correspondant(e). Décris ce que toi et ton père avez fait, décris ton invité(e) physiquement, donne tes premières impressions de son caractère.

L2 **Narration** (première partie)

C'est la première fois que ton/ta correspondant(e) a visité ta ville/ton village. Tu décides de lui faire un tour guidé. Étudie le plan de la petite ville à la page ci-contre.

Avec ton/ta partenaire, qui joue le rôle de ton ami(e) français(e), raconte ce que vous voyez et visitez dans la ville. Suivez l'itinéraire fléché.

petite rue,
magasins
(pain, provisions)

cinéma
programme,
heures des séances

musée (coup
d'œil – exposition de
photos)

le shopping
center
(achats?)

arrivée

départ

café, amis

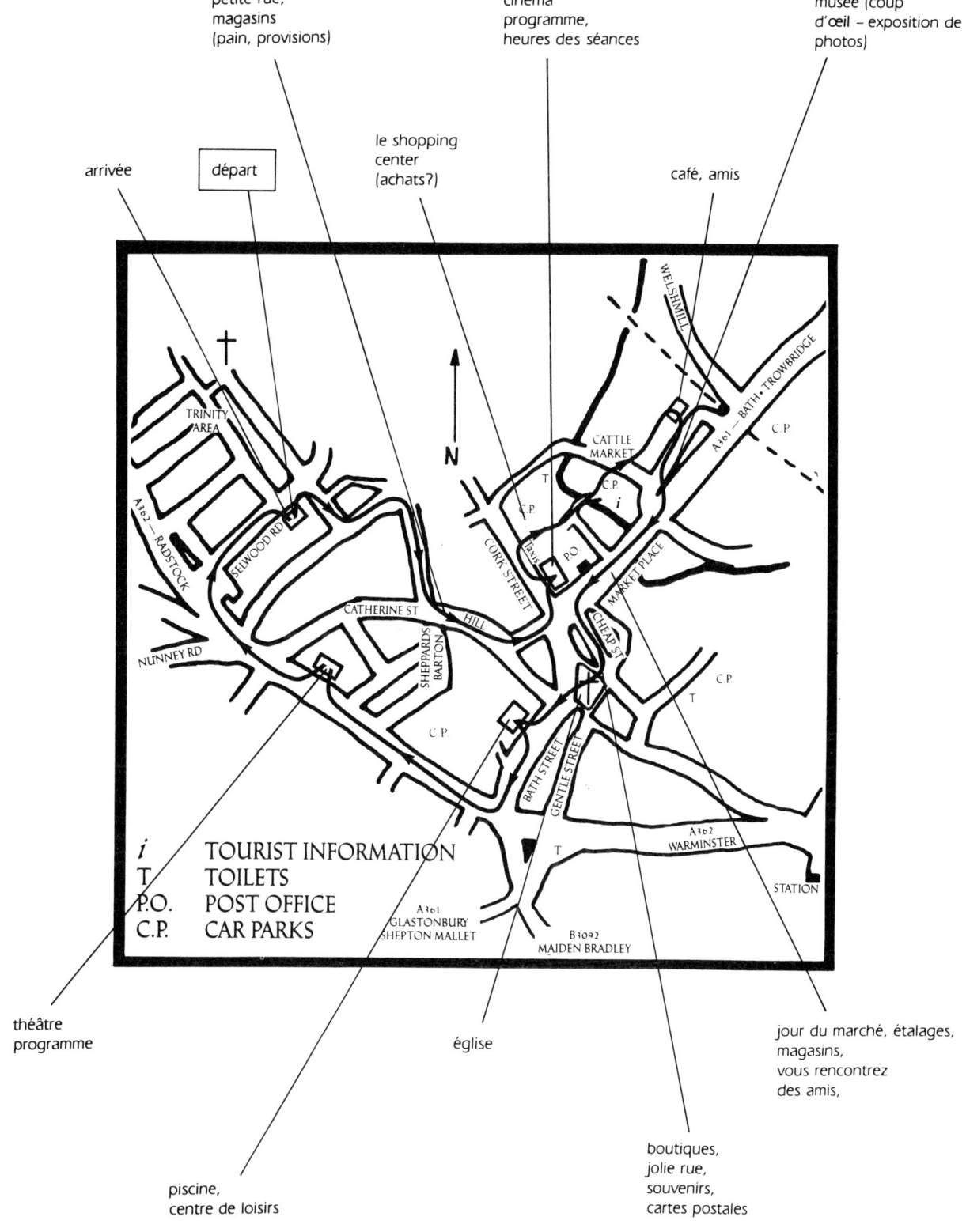

théâtre
programme

église

jour du marché, étalages,
magasins,
vous rencontrez
des amis,

piscine,
centre de loisirs

boutiques,
jolie rue,
souvenirs,
cartes postales

⌷L2⌷ **Narration** (deuxième partie)

Cette fois tu vas utiliser un plan de ton propre village/ta propre ville. Si tu ne peux pas obtenir un plan officiel du bureau de tourisme, tu peux bien sûr en dessiner un de mémoire! Imitez l'itinéraire fléché dans la première partie pour construire ton tour guidé.

⌷L2⌷ **Ton journal intime**

Raconte ce que tu as fait et visité pendant le tour guidé aujourd'hui. Quelle était la réaction de ton ami(e) devant tout ce qu'il/elle a vu? A-t-il/elle acheté des souvenirs?

⌷L1⌷ **Deuxième message**

Ton ami(e) Martin(e) est fatigué(e) aujourd'hui et il/elle s'est endormi(e) après le déjeuner. Tu dois sortir et tu décides de lui laisser un message en français sur la table de la cuisine.

Dis-lui que tu es sorti(e) pour aller chez le dentiste. Tu seras de retour à 16 h 30. S'il/si elle a faim, il/elle peut se servir dans le frigo. Si le téléphone sonne, il/elle doit demander le nom de la personne qui appelle et lui dire que tu rappelleras plus tard.

⌷L1⌷⌷L2⌷ *La lettre du mois d'octobre*

Quand ton ami(e) Martin(e) est arrivé(e) il/elle a apporté des cadeaux pour toute la famille de la part de ses parents. Ta mère t'a demandé d'écrire une lettre en français pour remercier les parents de Martin(e) de leur gentillesse. Dans la lettre tu peux confirmer que Martin(e) est arrivé(e) sans problèmes et décrire ce que tu as fait ce matin (le tour guidé). N'oublie pas de dire merci pour les cadeaux. (Papa est très content du vin, ta mère aime beaucoup le _____ , et toi, tu es ravi(e) du (disque?) qu'ils t'ont offert.)

NOVEMBRE

⌊L2⌋ **Lettre:** Au Syndicat d'Initiative de Guingamp

Vers la fin de ce mois tu vas faire partie d'un groupe scolaire qui passera quelques jours à l'auberge de jeunesse dans la ville bretonne de Guingamp. Écris au Pavillon du Tourisme et demande des renseignements sur la ville et les environs, à l'adresse suivante:

> Place du Vally
> 22202 Guingamp
> FRANCE

Si le professeur le préfère, il/elle peut demander à un(e) étudiant(e) d'écrire de la part de tout le groupe.

⌊L1⌋ **Première conversation:** À la maison

(1)   Ton/ta partenaire va te poser des questions sur ce que tu fais en rentrant chez toi après une journée à l'école. Tu vas répondre à ses questions en donnant autant de détails que possible. Il/elle va noter tes réponses.

À quelle heure est-ce que tu rentres à la maison?

Qu'est-ce que tu fais immédiatement en arrivant? (Tu changes de vêtements? Tu manges quelque chose?)

Est-ce que ta mère est là d'habitude quand tu arrives? Si non, à quelle heure rentre-t-elle? Et ton père?

Quand tu as des devoirs, tu les fais avant ou après le repas du soir? Où est-ce que tu les fais?

Tu sors souvent en semaine?

Tu regardes quelles sortes de programmes à la télé?

À part la télé, qu'est-ce que tu fais le soir? (Écouter des disques, lire, jouer avec le micro-ordinateur?)

Décris ce qu'il y a dans ta chambre.

D'habitude quand est-ce que tu te couches en semaine? Et le weekend?

(2) Maintenant à toi. Pose les mêmes questions à ton/ta partenaire. Pose des questions supplémentaires si tu veux. N'oublie pas de prendre des notes après chaque réponse.

(3) Vérifiez tous/toutes les deux vos notes, une fois les conversations terminées.

L1 Ton journal intime

Pour ta première entrée de ce mois tu vas décrire une soirée passée chez ton ami(e). Tu connais bien sa routine maintenant. Alors décris ce que vous avez fait ensemble: l'arrivée après l'école, le repas en famille, les devoirs ensemble (?), un peu de télévision (?), des distractions dans sa chambre.

Tu pourrais commencer ainsi par exemple:

> *lundi 19 novembre*
>
> *Je suis allé(e) chez Jo ce soir, puisqu'on m'a invité(e) à passer la soirée chez lui / elle ...*

L1 Premier rôle: Une soirée devant la télé

C'est vendredi soir. Tu es en France chez ton/ta correspondant(e). Toute la famille est dans le salon et discute des programmes à la télé. Tout le monde a son programme favori — comment organiser la soirée? Étudie les programmes sur les 3 chaînes de télévision — TF1, A2 et FR3 — avec quatre partenaires.

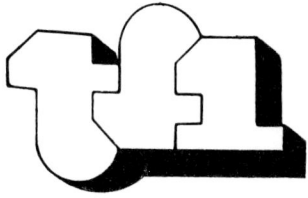

TOUS LES JOURS

13.00 Le journal de la une.
20.00 Le journal de la une.

vendredi 8

10.45 Antiope 1.
11.15 Croque-vacances.
11.45 La une chez vous.
12.02 Tournez... manège.
12.30 Midi trente.
12.35 Tournez... manège.
13.50 Boîte à mots.
13.52 Dallas, série.
14.40 Boîte à mots.
14.45 Les habits du dimanche.
15.35 Croque-vacances.
17.15 Boîte à mots, jeu.
17.25 Lucien Leuwen, série, d'après Stendhal.
18.25 Mini-journal.
18.35 Danse avec moi, série.
19.10 La vie des botes.
19.40 Le masque et les plumes.
20.30 Intervilles, Nice/Lunel.
22.15 Elvis Presley, variétés, « Aloha from Hawai ».
« 36 » photos de vacances.
23.30 Une dernière.

TOUS LES JOURS

12.45 Antenne 2 midi.
19.15 Actualités régionales.
20.00 Le journal.

vendredi 8

6.45 Télématin.
8.30 Fortunata et Jacinta, feuilleton.
9.00 Antiope vidéo.
12.00 Midi informations-météo.
12.08 Récré A2.
13.30 La conquête de l'Ouest, série.
14.20 Les peintres : documentaire.
« Nous te saluons gentil Rousseau ».
15.15 Christa, feuilleton.
15.45 Sport été, football, rétrospective coupe du Monde.
18.20 Flash info.
18.25 Capitol, série.
18.50 Des chiffres et des lettres, jeu.
19.40 Affaire suivante, feuilleton.
20.35 « Le privé », « Contrat pour un meurtre », série.
21.35 Apostrophes. « La vie des stars ». En hommage à Simone Signoret, décédée le 30 septembre 1985.
22.50 Edition de la nuit.
23.00 Les inédits de l'été, le destin de Juliette. Un film de Aline Issermann avec Laure Duthilleul, Richard Bohringer.

TOUS LES JOURS

19.15 Actualités régionales (sauf dimanche).

vendredi 8

17.00 FR3 Bretagne Pays de Loire.
17.30 La cuisine des mousquetaires, série. Les magrets.
17.45 Les parcs régionaux : le parc naturel des Pyrénées.
18.15 Cheval, mon ami, série.
18.45 Journal des festivals.
19.00 « 19.20 » Informations.
19.55 Les Entrechats, D.A.
20.04 Les nouveaux jeux à Annemasse.
20.30 Célébrity, série.
La vie tumultueuse de trois amis d'enfance liés par un terrible secret. Avec Michael Beck, Joseph Bottoms, Ben Masters.
21.25 Taxi, magazine.
22.25 Soir 3.
22.45 Décibels : rock.
23.15 Prélude à la nuit : 5 fugues de Bach et Mozart.
23.30 Journal des festivals.

Première partie

(1) Voilà la famille et leurs programmes favoris:

Le père aime les *Actualités régionales,* suit le série *Le privé* et aime écouter la musique de Mozart.

La mère aime la série *Danse avec moi* et adore Elvis.

Martin(e) aime regarder des programmes sur les animaux, la nature et le sport, surtout le football.

Le petit frère aime la musique rock, les jeux, et Taxi.

(2) C'est à toi d'organiser la soirée, puisque la famille ne peut pas résoudre le problème! Tu vas poser des questions aux membres de la famille et essayer de compléter le tableau à la page suivante. Pour t'aider, voici un exemple de la conversation que tu pourrais avoir avec le père:

Toi: Alors, monsieur, qu'est-ce que vous voulez regarder?

Père: Moi, j'aime les *Actualités régionales.*

Toi: Ça commence à quelle heure?

Père:	À 19 h 15.
Toi:	Ça dure combien de minutes?
Père:	45 minutes.
Toi:	C'est sur quelle chaîne?
Père:	Sur FR3.
Toi:	C'est tout?
Père:	Non, je suis la série *Le privé*. Je veux absolument regarder ça ce soir.
Toi:	Ça commence quand? etc.

Continue comme ça à interroger les quatre membres de la famille et complète le tableau. (Reproduis le tableau en bas dans ton cahier — n'écris pas dans ce livre bien sûr!)

Qui	Heure	Programme	Chaîne
père	19 h 15	Actualités régionales	FR3

Une fois ce tableau complété, tu dois tout réorganiser chronologiquement! Rédige l'emploi du temps pour la soirée devant la télé et annonce ton verdict!

Par exemple:

Alors, mes amis, voilà les programmes que vous pouvez regarder.

Monsieur, ça va pour les *Actualités régionales*, etc...

Alain, je regrette mais tu ne peux pas regarder...parce que ta sœur regarde...et tu dois manquer les dix premières minutes de *Taxi*, parce que ton père regarde la fin du *privé*.

Notez bien la famille ne peut pas disputer ton verdict!

L2

Deuxième partie

Changez de rôles. Maintenant tout le monde doit faire son propre choix. (Deux programmes à chacun.) L'organisateur doit compléter le tableau comme dans la première partie. Il y aura sans doute plus de coïncidences fâcheuses! C'est à l'organisateur de tout harmoniser, mais la famille a le droit de protester cette fois!

Quand tu auras tous les détails, tu devras tout organiser pour que chaque membre de la famille puisse regarder autant de ses programmes favoris que possible. Dans ce but, construis un autre tableau comme suit:

Qui	Heure	Programme	Chaîne

Phrases utiles pour la famille quand tu annonceras ton verdict:

Mais ce n'est pas juste!

J'insiste que je dois absolument voir...

Mais non! Mais non!

Pourquoi est-ce que papa peut voir son programme, alors que moi, je dois manquer le mien?

Super! tu as bien fait!

L1 **Deuxième conversation:** Ta nouvelle maison

(1) Ta famille a récemment déménagé et pendant cette conversation ton/ta 'correspondant(e)' va t'interroger sur ta nouvelle maison et ton jardin. Tu vas répondre à ses questions avec autant de détails que possible. Ton/ta partenaire prendra des notes sur ce que tu dis.

Tu habites maintenant une maison ou un appartement?

La maison a combien d'étages?

C'est une maison individuelle, jumelle ou mitoyenne des deux côtés?

Il y a combien de chambres en tout?

Qu'est-ce qu'il y a comme pièces (à part les chambres)?

Prenez-vous les repas dans la cuisine?

Avez-vous un garage?

Qu'est-ce qu'il y a au salon comme meubles, etc.

Décris ce que tu as dans ta chambre.

Et le jardin? C'est grand? Qu'est-ce qu'il y a dans le jardin?

Aimes-tu travailler dans le jardin?

Tu as un jardin potager?

On peut y jouer au football, ou au badminton?

(2)   Maintenant à toi! Pose les mêmes questions à ton/ta partenaire et prends des notes.

(3)   Chacun de vous va maintenant dessiner un plan simple de chaque étage de votre maison/appartement. Échangez les plans et, en se posant des questions, essayez tous/toutes les deux de compléter les plans en mettant les noms des pièces.

Par exemple:

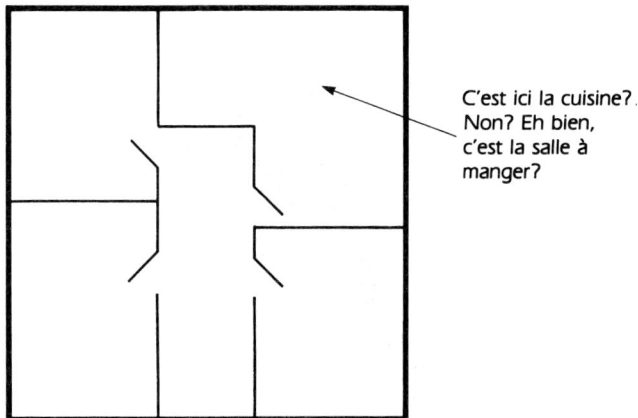

C'est ici la cuisine? Non? Eh bien, c'est la salle à manger?

(4)   Maintenant fais un plan plus grand d'une seule pièce et pose des questions sur la position des meubles. Par exemple:

La télé, c'est à gauche près du mur? Oui?

Et le canapé, c'est là? Non? Ah bon, où est-il alors?

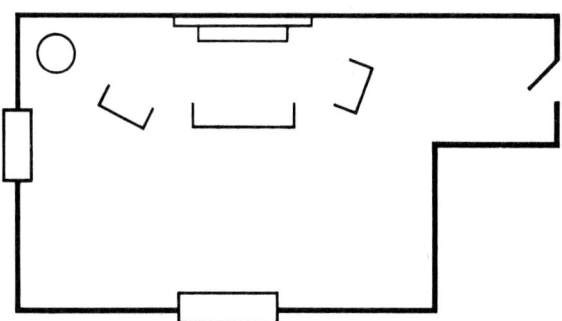

☐L1 **Ton journal intime**

Tu as rendu visite à ton ami(e) dans sa nouvelle maison. Alors, décris ce que tu as vu. Est-ce que tu aimes sa maison? Fais des comparaisons avec ta propre maison. Est-ce que le jardin est plus grand ou plus petit? Combien de chambres y a-t-il? Et chez toi? Comment est la chambre de ton ami(e)? (Tu as les notes que tu as prises pour t'aider à te rappeler les détails.) Tu peux bien sûr dessiner un plan de la maison dans ton journal si tu veux en indiquant les pièces, les meubles et les étages.

☐L1 **Message:** Carte postale

C'est samedi. Tu es à Boulogne avec ta famille pour la journée. Tu n'as pas reçu de nouvelles de la famille française que tu connais. Alors écris une carte postale à ton/ta correspondant(e) pour lui dire que tu voudrais bien recevoir une lettre avec des nouvelles de ce qu'il/elle fait. Demande aussi si toute la famille va bien; s'il/si elle peut venir chez toi à Noël ou s'il/si elle va à la montagne pour faire du ski. Dis que ta sœur aînée aimerait bien recevoir une lettre de Sophie (une amie qui habite tout près de ton/ta correspondante); dis enfin que tu enverras bientôt des photos prises pendant une excursion (laquelle?) faite pendant le congé de la mi-trimestre.

☐L1 **Deuxième rôle:** À la poste

Maintenant que la carte postale est écrite, tu dois aller à la poste acheter des timbres. Ta mère a un paquet qu'elle veut envoyer au Canada (par avion?) et ton père veut des timbres à tarif normal et à tarif réduit. Alors avec un(e) partenaire joue les rôles ci-dessous:

Toi (client)	Ton/ta partenaire (au guichet)
(1) Dis bonjour et demande un timbre pour ta carte postale pour la France.	(1) Dis bonjour, donne le timbre au client. Dis le prix. Demande si c'est tout.
(2) Dis que tu as besoin de dix timbres à tarif normal et de dix à tarif réduit.	(2) Mets les timbres sur le comptoir et dis le prix. Demande si c'est tout.
(3) Montre le paquet et explique comment et où tu veux l'envoyer.	(3) Dis qu'il faut le peser. (Ca pèse combien de grammes?) Dis que tu dois regarder dans la brochure pour savoir le prix. Dis le prix à tarif normal par avion.

(4) Dis que c'est trop cher, que tu veux l'envoyer par voie maritime.

(4) Dis le prix par voie maritime.

(5) Dis que ça va et demande combien ça fait en tout.

(5) Dis combien ça fait.

(6) Donne l'argent; prends la monnaie; dis merci.

(6) Rends la monnaie; dis au revoir.

Quand vous êtes satisfait(e)s tous/toutes les deux que ça va sans hésitations, changez de rôles et recommencez.

L1 **Ton journal intime**

Raconte ce que tu viens de faire aujourd'hui. (L'excursion à Boulogne, la carte postale que tu as écrite. Qu'est-ce que tu as fait exactement à la poste? As-tu fait d'autres achats en route? As-tu rencontré un(e) ami(e) anglais(e)?)

L2 **Narration:** Une visite en Bretagne

Tu as décidé d'aller en Bretagne avec un groupe d'ami(e)s pendant le congé de la mi-trimestre fin octobre-début novembre. C'est une visite organisée par un professeur de ton collège et vous allez loger dans une auberge de jeunesse dans la ville de Guingamp, Côtes du Nord. Étudie bien la carte pour voir exactement où tu seras.

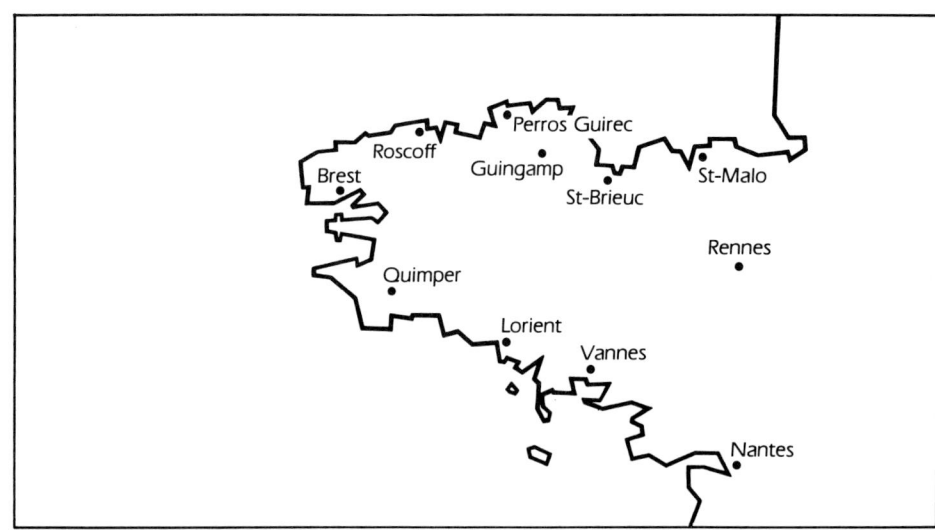

L2 **Message:** L'arrivée à l'auberge de jeunesse de Guingamp

Tu es arrivé(e) sain et sauf à Guingamp et ton professeur exige que tout le monde écrive une carte postale à ses parents pour leur annoncer que tout va bien. Dessine une carte postale et écris-leur en y mettant les détails suivants:

bonne traversée de la Manche — Plymouth–Roscoff/ A.J. pas mal / fait beau / ville agréable / excursion à...? demain / à bientôt / bises à tout le monde.

AUBERGE DE JEUNESSE de GUINGAMP

A.J. - 9, place du Vally - 22200 Guingamp

SITUATION ET ACCES

A Guingamp, entre l'Armor et l'Argoat, l'Auberge de Jeunesse affiliée à la F.U.A.J. est située au cœur de la ville. Accès direct par SNCF, ligne Paris-Brest, gare à 200 m ou par la Nationale 12

HEBERGEMENT

Hébergement en dortoirs, 40 places
Possibilité de camping avec utilisation des locaux

SUR LA VILLE et ALENTOURS PROCHES

Randonnée pédestre (GR34), cyclotourisme (nombreux circuits possibles), piscine, cinémas, vieux quartiers, canoë-kayak, club hippique, circuit de moto-cross... Les associations sportives de Guingamp peuvent à la demande, proposer des journées d'initiation ou plus.

RESTAURATION

A la demande, pension complète ou demi-pension
Un mini-bus (permis voiture) de 9 places peut être mis à la disposition des groupes séjournant à l'Auberge

ACTIVITES

Possibilité de programme à la carte (activités sportives, culturelles, découvertes de la région...)

EQUIPEMENTS MIS A DISPOSITION

Salles, labo photo:8 agrandisseurs
Ping-pong, baby-foot, jeux de fléchettes

La visite à Guingamp: Préparation orale

Étudie bien les détails de l'auberge de jeunesse de Guingamp. En répondant aux questions suivantes posées par ton/ta partenaire et à l'aide d'un peu d'imagination, raconte ce que tu as fait pendant la visite de quelques jours avec tes ami(e)s.

Où est-ce que vous êtes-allé(e)s? Vous étiez combien dans le groupe?

Quand est-ce que vous êtes parti(e)s? Comment avez-vous voyagé?

Où se trouve Guingamp exactement? Etes-vous arrivé(e)s par le ferry à Roscoff ou à St. Malo?

Pendant combien de jours y êtes-vous resté(e)s?

Où est-ce que l'auberge de jeunesse est située exactement à Guingamp?

Avez-vous fait du camping? Avez-vous pris tous les repas à l'auberge de jeunesse? Comment avez-vous fait des excursions?

Qu'est-ce qu'il y avait à faire dans la ville et aux environs?

Dis-moi ce que vous avez fait pendant les trois premiers jours de la visite.

Et le soir? Quels équipements étaient disponibles à l'auberge de jeunesse et en ville?

Est-ce qu'il a fait beau tout le temps? Quand il pleuvait, qu'est-ce que vous avez fait?

La visite à Guingamp: Préparation écrite

Maintenant avec ton/ta partenaire faites une version de cette histoire au brouillon. Ajoutez ensemble des détails et vérifiez l'orthographe en utilisant un dictionnaire. Organisez la description en forme de journal intime. Par exemple:

Lundi, nous sommes parti(e)s pour Guingamp... Mardi, nous...

L2 **Ton journal intime**

Écris maintenant la version finale de ton séjour à l'auberge de jeunesse à Guingamp.

La lettre du mois de novembre

Sans regarder ton journal intime si possible, écris une lettre à ta tante belge sur ce que tu as fait pendant le mois. Décris brièvement la visite chez ton/ta correspondant(e), la soirée de télévision, la nouvelle maison de ton ami(e), l'excursion à Boulogne et, si tu l'as fait, le séjour à Guingamp (L2). Tu ne dois pas inclure trop de détails puisque la lettre aura seulement entre 130 et 150 mots!

DÉCEMBRE

N.B. Avant de commencer ce mois, tu dois aller au Tourist Information Office local chercher une brochure de ta région. Tu en auras bientôt besoin. Essaie d'en obtenir aussi une en français si ça existe.

L1 **Première conversation:** Cadeaux de Noël

La Fête de Noël et le Jour de l'An ne sont pas loin. Il faut penser à acheter des cadeaux pour ta famille et pour tes ami(e)s. Ton/ta partenaire va te poser des questions sur ce que tu vas choisir cette année. Tu devras sans doute réfléchir avant de commencer la conversation. Alors, étudie les questions et fais une liste des personnes à qui tu veux offrir des cadeaux et de quelques idées possibles. Par exemple:

papa – chaussettes? cravate?
maman – disque? bracelet?

Ton/ta partenaire peut faire sa propre liste en même temps que toi. Une fois les listes complétées, réponds aux questions suivantes:

Tu reçois combien d'argent de poche?

Combien d'économies as-tu fait pour acheter des cadeaux?

Alors pour ta famille, qu'est-ce que tu vas acheter? (pour ton père, ta mère, tes frères et tes sœurs)

Tu vas offrir de petits cadeaux à quelques-un(e)s de tes ami(e)s?

À qui? Qu'est-ce que tu as décidé de leur donner?

Qu'est-ce que tu voudrais recevoir de tes parents?

Et de tes oncles et tes tantes?

Où est-ce que tu vas faire tes achats? Tu as un magasin préféré?

Quand est-ce que tu commenceras à faire tes achats? Tu enverras aussi des cartes de Noël?

Tu as des ami(e)s à l'étranger à qui tu enverras des cartes?

Maintenant à toi. Pose ces questions à ton/ta partenaire, qui a déjà préparé sa liste.

L1 Ton journal intime

Cette fois tu vas décrire dans ton journal ce que tu vas acheter pour ta famille et tes ami(e)s. Combien d'argent vas-tu dépenser à peu près et où iras-tu pour faire ces achats? Est-ce que ton/ta partenaire t'a suggéré de bonnes idées? Tu pourrais commencer ainsi:

mercredi 6 décembre

Aujourd'hui j'ai bien réfléchi sur les cadeaux que je veux offrir cette année à Noël. Pour papa j'ai pensé acheter...

L1 Premier rôle: Au grand magasin — cadeaux de Noël

Tu vas maintenant en ville avec ton ami(e) acheter les cadeaux pour la famille et pour tes amis. N'oublie pas d'apporter la liste des personnes et des cadeaux possibles que tu as déjà préparée.

Tu entres dans un grand magasin. Ton/ta partenaire va jouer le rôle du vendeur (de la vendeuse). Vous devez construire ensemble de courtes conversations pour pouvoir acheter au moins *trois* cadeaux sur ta liste.

Voilà un exemple d'une conversation possible:

Toi:	Où est le rayon des disques s'il vous plaît?
1ᵉ vendeur:	C'est au premier étage, au fond à droite, mademoiselle.
Toi:	Merci, monsieur/madame.
Toi:	Bonjour. Je voudrais acheter un disque des Beatles qui s'appelle Yellow Submarine pour mon frère.
2ᵉ vendeur:	Attendez. Bien, voilà, mademoiselle/monsieur.
Toi:	Ça fait combien?
2ᵉ vendeur:	Ça fait 25 francs. C'est pour offrir? Je vous fais un paquet?

Toi:	Oui, merci. Voilà 30 francs.
2ᵉ vendeur:	Et voilà mademoiselle/monsieur, votre monnaie et le paquet. Au revoir.
Toi:	Au revoir, monsieur/madame.

Maintenant à toi. Voilà quelques phrases pour t'aider:

Toi

Où est le rayon des jouets?
  livres, jeux?
  disques?
  sacs à main?
  porte-feuilles?
  pullovers, gants?
  écharpes?
  boucles d'oreille,
  etc.

Je cherche quelque chose pour...

Je voudrais acheter... pour mon père.
  pour ma mère.

Qu'est-ce que vous avez comme...?

Oui, c'est parfait, je le prends.

Non, c'est trop cher. Vous avez quelque chose de moins cher?

Je n'aime pas la couleur/le tissu.

Vous en avez en d'autres couleurs?

Il/elle fait du 38.

C'est combien?

Je préfère celui-ci/celle-ci/
  ceux-ci/celles-ci

Je n'aime pas celui-là/celle-là/
  ceux-là/celles-là

Ton/ta partenaire

C'est au sous-sol.
  au rez-de-chaussée.
  au premier étage.
  au deuxième étage.
  au troisième étage.
  à droite, à gauche.

Vous continuez tout droit
  et c'est au fond.

Oui, monsieur/mademoiselle

De quelle couleur?

De quelle taille?

De quelle pointure?

Non, c'est tout ce que nous avons.

Non, nous en avons seulement en bleu.

Oui, en voici un(e) en rouge.

C'est joli, non?

C'est de très bonne qualité.

Vous avez choisi?

Je vous fais un paquet?

Voilà votre monnaie.

L1 **Ton journal intime**

Raconte ce que tu as réussi à acheter aujourd'hui. Où es-tu allé(e)? Avec qui? Pour qui as-tu trouvé des cadeaux? Qu'est-ce que tu leur as acheté? Combien as-tu dépensé en tout? Es-tu content(e) de tes achats? Pour qui n'as-tu pas encore trouvé quelque chose? Et ton ami(e), est-ce qu'il/elle a aussi acheté des cadeaux?

L2 **Deuxième conversation:** Visites et excursions

Un(e) ami(e) français(e) de tes parents vient d'arriver pour passer une semaine chez vous. Tes parents veulent faire des excursions aux environs avec lui/elle. Alors ils te demandent d'interroger le visiteur (ton/ta partenaire) sur ce qu'il/elle veut faire et voir. Montre-lui la brochure ci-dessous et, en posant les questions, remplis l'extrait du calendrier en fixant sept excursions ou visites, selon les réponses du visiteur. (Reproduis le tableau en bas dans ton cahier — n'écris pas dans *ce* livre bien sûr!)

PLACES OF INTEREST WITHIN EASY REACH OF FROME

Abbeys
Glastonbury
Lacock. National Trust village and abbey, Melksham–Chippenham Road A350

Ancient Monuments
Avebury. (N.T.) A4361 Swindon–Devizes Road. Stonehenge. Nr. Amesbury. A303 N. of Salisbury.

Castles
Nunney. Nr. Frome. 14th Century moated ruin. Farleigh. Ruin, 3 miles from Bradford-on-Avon.

Gardens and Parks
Longleat Safari Park. 3 miles E. of Frome.
Tropical Bird Gardens. Rode, 5 miles N. of Frome.
Ilford Manor. 7 miles N. of Frome.
Stourhead Gardens. N.T. 8 miles S. of Frome.
Woodland Park Nature Reserve. 5 miles N.E. of Frome.

Museums
Numerous museums in Bath.
American Museum, Claverton Manor, Nr. Bath.
Clarks Shoe Museum, Street.
Fleet Air Arm Museum, Yeovilton.
Rural Life Museum, Glastonbury.

Special Interest
Cheddar Gorge and Caves.
Chewton Cheese Dairy, Mendip Hills.
East Somerset Railway, Cranmore, Shepton Mallet.
Oakhill Manor – models – Shepton Mallet.
Wookey Hole Caves, Nr. Wells.
Glastonbury Tor.

Vineyards
Elms Cross Vineyard, Nr. Bradford-on-Avon.
Pilton Vineyard, Nr. Glastonbury
Whatley Vineyard, Nr. Frome
Wootton Vineyard.

Bath 12 m, Wells 17 m, Salisbury 25 m, Bristol 25 m, Glastonbury 25 m, Bradford-on-Avon 7 m.

Visites pour la semaine — décembre	
lundi	
mardi	
mercredi	
jeudi	
vendredi	
samedi	
dimanche	

Première partie

Voilà les questions que tu peux poser pour pouvoir remplir le calendrier:

Bon, voilà la liste des attractions dans les environs (Regardez ensemble la brochure) — je vais vous aider à choisir où aller.
Est-ce que vous aimez les monuments anciens?
Lequel de ces deux préférez-vous visiter?
Alors, lundi nous irons... (Écris le nom sur le calendrier.)

Préférez-vous voir les animaux ou les oiseaux? Ou préférez-vous vous promener dans un parc ou jardin?
Alors, mardi... (Écris le nom sur le calendrier.)

Il y a beaucoup de musées intéressants. Vous pouvez choisir entre les avions militaires, la vie rurale ou le musée américain. Lequel voulez-vous visiter?
Alors, mercredi...

Si vous voulez visiter un vignoble anglais, il y a plusieurs possibilités. Oui/non?
Si vous préférez les cavernes ou les grottes, vous pouvez choisir entre Cheddar Gorge et Wookey Hole. Il y a plusieurs autres attractions à Wookey.
Alors, jeudi...

Quant aux châteaux forts, il y a deux possibilités, lequel voulez-vous voir?
Alors, vendredi...

Samedi où voulez-vous aller? Voir des trains à vapeur, un safari parc, un château, faire une promenade dans un grand jardin anglais?

Enfin, dimanche. Il y a deux abbayes, un Palais épiscopal et deux cathédrales (à Wells et à Bristol) à visiter. Vous avez choisi? Bon, voilà la semaine organisée en excursions.

Deuxième partie

Maintenant tu peux faire la même chose en utilisant *ta brochure locale.* Cette fois c'est toi qui devras composer les questions sur les distractions de ta propre ville ou région.

Troisième partie

Ton/ta partenaire va étudier le programme que tu as organisé pour la semaine basé sur *ta brochure locale* et va te demander des explications. (Puisque tu connaîtras bien les sites et les attractions, tu vas pouvoir expliquer dans le détail ce qu'il y a à voir et à faire.) Le visiteur français (ton/ta partenaire) posera peut-être une question comme suit: «Alors jeudi, nous irons à _____ Castle — qu'est-ce que c'est au juste? Pouvez-vous décrire ce que nous allons voir?» C'est à toi de décrire le château fort si tu peux.

Bien sûr, tu vas devoir faire un peu de préparation avant de pouvoir répondre à cette sorte de question. (As-tu réussi à obtenir une brochure *en français* sur ta région — ça te serait très utile.)

L2 Ton journal intime

Quelle semaine bien remplie! Tant de visites et d'excursions dans la région. Raconte — brièvement — jour par jour, où vous êtes allé(e)s, ce que vous avez vu et les réactions de ton visiteur. Est-ce que toi aussi, tu as visité certaines attractions locales pour la première fois?

L1 Premier message: Carte de Noël

Tu es en train d'écrire des cartes de Noël et du Nouvel An. Écris un message dans la carte que tu as choisie pour ton/ta correspondant(e) français(e). Tu vas lui souhaiter un joyeux Noël et un Nouvel An prospère. Demande s'il/si elle s'est bien amusé(e) à la station de ski, où il/elle est allé(e) exactement, et s'il/si elle est tombé(e) beaucoup! Dis lui de dire bonjour de ta part à toute sa famille. Dis que tu espères le/la revoir peut-être à Pâques.

L1 **Deuxième rôle:** *La famille chez le marchand de chaussures*

Puisque c'est le mois de décembre et que l'hiver approche, toute la famille a besoin de nouvelles bottes. Pourquoi pas les acheter en France? Alors la famille va ensemble au rayon de chaussures dans un grand supermarché. Avec trois ou quatre partenaires, tu vas choisir et acheter des paires de bottes comme sur la réclame. Tout le groupe doit bien regarder la réclame et faire son choix.

1. BOTTE
dessus synthétique,
doublée viscose,
semelle élastomère,
coloris noir, bordeaux, marron,
du 35 au 41   ~~149,95~~ **129,**⁹⁵ F

2. BOTTE
dessus nylon, doublé chaud,
semelle synthétique,
gris, bordeaux, marine,
du 36 au 41   **89,**⁹⁵ F

3. BOTTE
enfant, dessus synthétique
fourré chaud,
semelle synthétique,
marine bleu, marine rouge,
blanc, noir, du 23 au 39 . . . ~~89,95~~ **79,**⁹⁵ F

4. BOOTS
dessus croûte de velours,
doublé chaud,
semelle synthétique,
marine, bordeaux, rouge,
bleu clair, du 36 au 41   ~~99,95~~ **79,**⁹⁵ F

5. MI-BOTTE HOMME
dessus pied cuir, tige synthétique,
semelle élastomère, doublé
chaud, marron, bordeaux, noir,
du 39 au 45   ~~149,95~~ **129,**⁹⁵ F

6. BOTTILLON
dessus cuir, doublé chaud,
semelle élastomère,
marine, bordeaux,
du 28 au 34   ~~139,95~~ **129,**⁹⁵ F

du 35 au 39   ~~159,95~~ **149,**⁹⁵ F

7. BOTTINE BABY
dessus synthétique,
doublé chaud, semelle
élastomère, fermeture à zip,
coloris bordeaux, marine, gris,
du 20 au 27   **79,**⁹⁵ F

Tableau des pointures anglaises/françaises												
Anglaises:	1	2	3	4	5	6	7	8	9	10	11	12
Françaises:	33	34/35	36	37	38	39/40	41	42	43	44	45	46

Alors, c'est toi le vendeur/la vendeuse! Pose les questions suivantes à tous les membres de la famille — père, mère, fille, garçon et petit enfant.

Qu'est-ce que vous voulez, monsieur/madame/mademoiselle, comme bottes?

Vous chaussez du combien?

Quelle couleur préférez-vous?

Vous aimez ça? C'est confortable? Pour l'hiver elles sont très chaudes, vous savez.

Vous devez essayer une pointure différente.

Nous ne l'avons pas en 40/ en bleu.

C'est trop grand/étroit/large, je crois.

Le dessus est en...

La semelle est en...

Vous les prenez? Bien, monsieur/madame/mademoiselle.

C'est en solde; alors ça fait 129,95F.

La famille peut utiliser les phrases suivantes pour répondre:

Je voudrais des bottes s'il vous plaît — une paire du numéro 2 sur ce catalogue.

Je chausse du (pointure) [Attention! Toutes les pointures ne sont pas disponibles.]

C'est en quoi le dessus? Et la semelle?

Vous les avez en noir? (Toutes les couleurs ne sont pas disponibles.)

C'est trop étroit/large/grand/petit.

Ça fait combien?

Enfin toute la famille est contente! (Sauf papa qui doit payer la facture.) Le vendeur/la vendeuse doit maintenant totaliser tous les achats. Ça va coûter combien en tout? Le magasin accepte les chèques/les cartes de crédit?

L1 | Ton journal intime

Raconte ce qui s'est passé au rayon de chaussures. Qui a acheté quoi? En tout, ça faisait combien? Tout le monde était content?

L1 **Narration:** Détente en Boulonnais (première partie)

(1) Tu as écrit au bureau de tourisme à Boulogne et tu as reçu le plan en bas. Étudie-le bien et imagine que tu vas passer un long weekend à Boulogne. Fais une sélection d'activités que tu voudrais faire. Dans ton journal intime, dessine le tableau à la page ci-contre et remplis-le d'activités. Il faut chercher le vocabulaire dans le dictionnaire et dans les livres de texte. Ton/ta partenaire va faire la même chose, mais sans te montrer sa sélection.

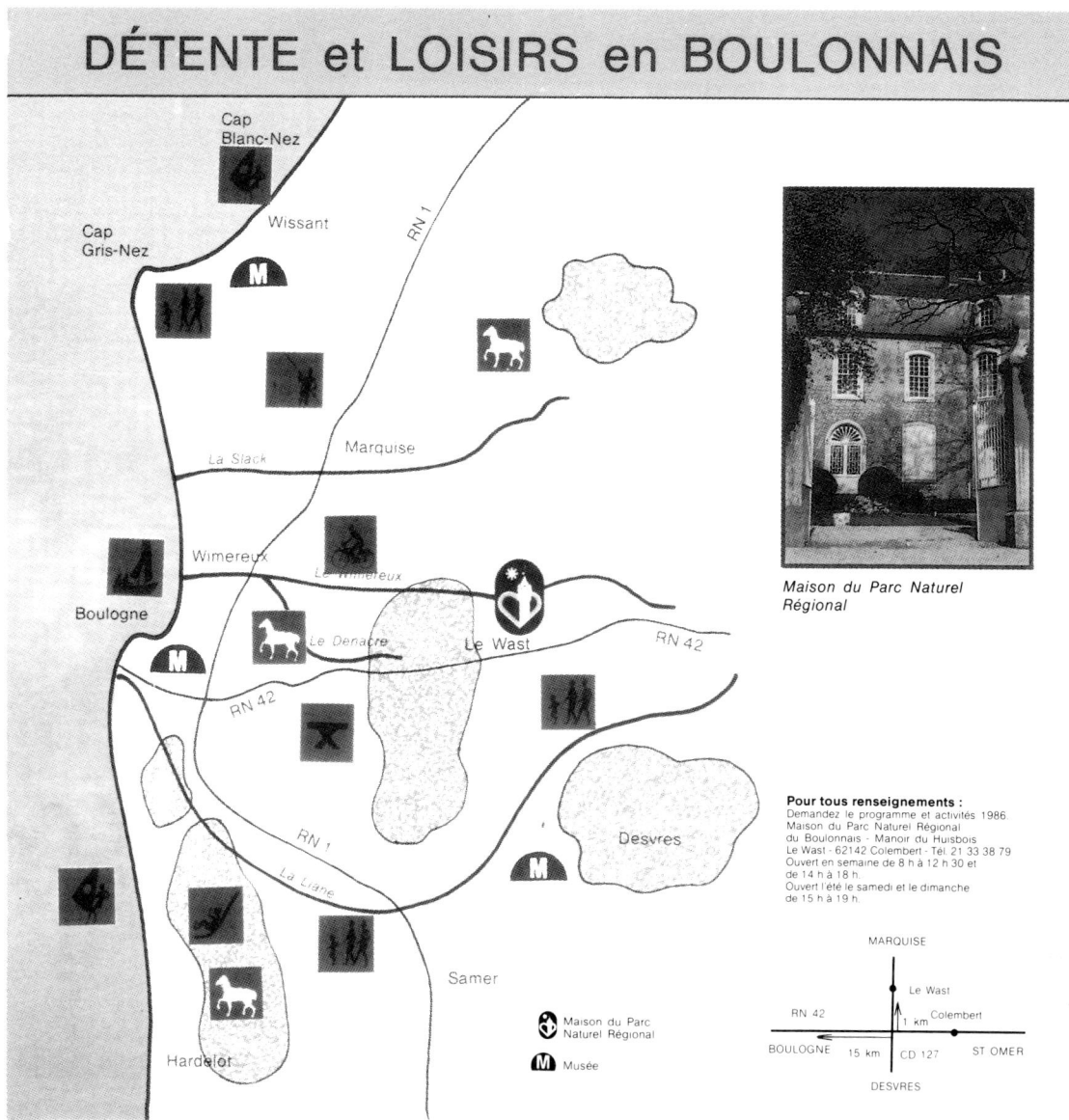

Maison du Parc Naturel Régional

Pour tous renseignements :
Demandez le programme et activités 1986.
Maison du Parc Naturel Régional
du Boulonnais - Manoir du Huisbois
Le Wast - 62142 Colembert - Tél. 21 33 38 79
Ouvert en semaine de 8 h à 12 h 30 et
de 14 h à 18 h.
Ouvert l'été le samedi et le dimanche
de 15 h à 19 h.

Samedi	matin	Nous irons au Cap Blanc-Nez pour faire de la planche à voile.
	après-midi	
Dimanche	matin	
	après-midi	
Lundi	matin	
	après-midi	

(2)   Maintenant vous allez vous interroger tous/toutes les deux sur ce que vous avez choisi.

Voilà des questions possibles:	Qu'est-ce que tu veux faire samedi après-midi? dimanche matin? lundi après-midi?	Oh! moi, je veux...
Et des réponses possibles:	Moi, je préfère.../je n'aime pas ça. Moi aussi, je vais faire ça. j'y irai.	

L2 **Narration:** Excursion à Boulogne (deuxième partie)

Puisque Noël n'est pas loin, tu as décidé de faire une excursion d'une journée à Boulogne en famille pour acheter des cadeaux, des provisions françaises et bien sûr du vin. Regarde bien l'itinéraire et les notes à la page suivante.

k) *arrivée à la maison*
fatigué
content
retrouvé la voiture
chargé les achats dans le coffre

a) *départ de la maison*
de bonne heure

b) *Douvres*
arrivée 09.00 en voiture
parking
départ 10.00 (sans voiture)
durée de la traversée 1h 40 minutes
mer très agitée
le mal de mer (toi? tes parents?)

j) *arrivée à Douvres*
20.15 (heure anglaise)

c) *à bord du ferry*
bureau de change à bord
promenade sur le pont
vent, soleil, moutons blancs

i) *douane*
du vin à déclarer
papa a payé £10 de taxes

d) *arrivée à Boulogne*
12.40 (heure française)
déjeuner tout de suite
restaurant sur le quai
menu fixe à 60 francs
(qu'est-ce que tu as mangé?)

h) *voyage de retour*
19.30 (heure française)
repas à bord
chaises relax
plus calme

g) *taxi*
tout charger dans le taxi
sacs en plastique
boîtes en carton

f) *au supermarché*
chariots
provisions – fromage,
fruits, pâté, chocolat
disques, papeterie, bière, vin

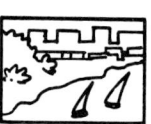

e) *promenade en ville*
magasins
cadeaux, souvenirs (lesquels?)
cartes postales
poste, timbres

Raconte à ton partenaire ce qui s'est passé pendant la visite. Ton/ta partenaire peut te poser des questions s'il/si elle veut.

L1 **Deuxième message**

L2   Pendant la visite en Boulonnais tu as envoyé une carte postale à tes amis français. Qu'est-ce que tu leur as écrit? (À peu près 30 mots.)

L1 **Ton journal intime**

L2   Raconte brièvement, *ou* ce que tu as fait en Boulonnais au cours de ce long weekend (L1), *ou* ce que tu as fait pendant cette excursion à Boulogne (L2).

L1 **La lettre du mois de décembre**

L2   Sans regarder ton journal intime si possible, écris une lettre à ton/ta meilleur(e) ami(e). Décris brièvement les grands événements du mois — achat de cadeaux, le visiteur français, les excursions locales, les bottes, l'excursion à Boulogne (ou en Boulonnais). La lettre aura seulement entre 130 et 150 mots — alors pas trop de détails!

JANVIER

Première conversation: Discussion sur les vacances

C'est janvier. Il faut déjà penser à l'organisation des grandes vacances. Avec ton/ta partenaire tu vas discuter ensemble des possibilités. D'abord ton/ta partenaire va te poser des questions sur ce que tu aimes et sur ce que tu n'aimes pas quand il s'agit de vacances.

L1

Première partie

Est-ce que tu préfères rester à la maison ou partir quelque part en vacances?

Alors, qu'est-ce que tu aimes faire à la maison?

Tu préfères aller au bord de la mer ou aller à la campagne?

Qu'est-ce que tu préfères comme vacances? Descendre à un hôtel, faire du camping, louer un gîte (*furnished cottage/chalet*), ou aller chez des parents (*relations*) ou amis?

Pourquoi est-ce que tu préfères ça?

Normalement est-ce que tu pars en vacances avec ta famille ou avec des amis?

Vous partez en vacances pour combien de jours généralement?

Maintenant à toi. Pose les mêmes questions à ton/ta partenaire.

C'est fini? Maintenant tous les deux écrivez une phrase qui résume vos opinions sur les vacances. Par exemple «Je préfère passer mes vacances chez ma tante à la campagne avec la famille».

L2

Deuxième partie

Cette fois tu dois répondre aux questions suivantes sur des vacances que tu as déjà passées — peut-être l'été dernier ou même à Noël. Ton/ta partenaire va noter tes réponses.

Où est-ce que tu es allé(e)?

Quand es-tu parti(e)?

Combien de jours as-tu passés là-bas?

Avec qui es-tu allé(e)?

Comment as-tu voyagé? Par le train?

Le trajet a duré combien d'heures?

Quel temps a-t-il fait?

Qu'est-ce que tu as fait pendant tes vacances?

Est-ce que tu t'es bien amusé(e)?

Maintenant, c'est à toi! Pose les mêmes questions à ton/ta partenaire. Attention, n'oublie pas de prendre des notes — tu en auras besoin quand tu écriras dans ton journal intime.

L2 Ton journal intime

Tu vas raconter brièvement ce que ton/ta partenaire t'a raconté sur ses vacances. Tu pourrais commencer ainsi:

mardi 10 janvier

John m'a raconté qu'il est allé dans le Lake District. IL est parti ...

L1 Premier rôle: A l'agence de voyages

Voilà le scénario. Tu es à Rouen avec ta famille vers la fin des vacances de Noël et vous voulez partir jeudi soir du Havre. Vous n'avez pas réservé le voyage du retour. Alors vous entrez tous dans une agence de voyages. C'est toi bien sûr l'interprète! Alors, regarde bien les détails dans le tableau à la page suivante et réponds aux questions de l'agent de voyages.

Tarif
Le Havre-Portsmouth
Cherbourg-Portsmouth

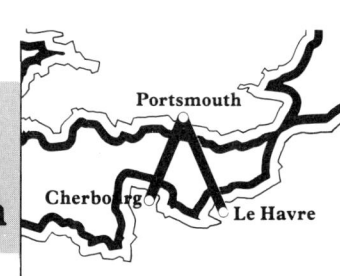

Tous les tarifs sont basés sur l'aller simple sauf indication contraire.
Les taxes portuaires sont comprises.

Voyageur avec véhicule	Tarif E BEF	Tarif D BEF	Tarif C BEF	Tarif B BEF	Uniquement Cherbourg Tarif A BEF
CONDUCTEUR ET PASSAGERS DE VEHICULE					
Adulte	1490	1490	1490	1490	1490
Enfant (+ 4 à — 14 ans. Moins de 4 ans gratuit.)	750	750	750	750	750
VEHICULE DE TOURISME ACCOMPAGNE					
Voitures, caravanes motorisées, minibus, camionnettes (sauf usage commercial) et motos avec side-car.					
Longueur hors-tout n'excédant pas 4.00m	1980	2480	3710	4620	5440
4.50m	1980	2640	3880	4780	5610
5.50m	1980	2810	4040	4950	5770
au dessus de 5.50m, par mètre supplémentaire ou fraction	750	830	910	990	1160
Caravanes tractées et remorques (sauf usage commercial)					
Remorques à bagages n'excédant pas 3.00m	990	990	1450	1740	1980
Caravanes et remorques n'excédant pas 6.00m	990	1450	2060	2890	3710
au dessus de 6.00m, par mètre supplémentaire ou fraction	660	660	660	660	660
Motos, mobylettes et scooters	830	910	990	1080	1160

CABINES RESERVEES

Départs de nuit (21h30-01h30)	BEF	Départs de jour (07h00-19h15)	BEF
Cabine 4 lits avec douche et W.C., le lit	680	Cabine 4 lits avec douche et W.C.	990
Cabine 4 lits, le lit	600	Cabine 4 lits	730
Cabine 2 lits, le lit	820	Cabine 2 lits	430
Couchette, le lit	390*	Siège "Classe Club"	200
Siège "Classe Club" (couverture fournie)	390		
Siège inclinable (couverture fournie)	180	*Disponible sur certains départs seulement.	

Important: Avant de réserver, se reporter à l'Information et aux Conditions page 19.

Le Havre-Portsmouth

Durée approximative de la traversée: 5¾ heures (Services de jour).
23h00 arrive à 06h15 le lendemain.

```
HEURES   DATES                HEURES LOCALES                     1988
         V S D L M M J V S D L M M J V S D L M M J V S D L M M J V S D
JAN      1 2 3 4 5 6 7 8 9 10 11 12 13 14 15 16 17 18 19 20 21 22 23 24 25 26 27 28 29 30 31
0830     E       E E E E E E E E E E E E E E E E E E E E E E E E E E E
1200       E E E
1700             E E E E E E E E E E E E E E E E E E E E E E E E E E E
2330     D D D D D D D D D D D D D D D D D D D D D D D D D D D D D D D

         L M M J V S D L M M J V S D L M M J V S D L M M J V S D L
FEV      1 2 3 4 5 6 7 8 9 10 11 12 13 14 15 16 17 18 19 20 21 22 23 24 25 26 27 28 29
0830     E E E E E E E E E E E E E E E E E E E E E E E E E E E E E
1700     E E E E E E E E E E E E E E E E E E E E E E E E E E E E E
2330     D D D D D D D D D D D D D D D D D D D D D D D D D D D D D
```

La Compagnie se réserve le droit de modifier les horaires sans préavis.

● Il est indispensable de se présenter au quai d'embarquement au plus tard 45 minutes avant l'heure fixée du départ, sinon nous ne pouvons garantir votre embarquement.

● Les navires sont susceptibles de partir 15 minutes avant l'heure prévue.

Voilà les questions de l'agent:

C'est à quel nom, s'il vous plaît?

Quand exactement voulez-vous partir du Havre? (jour, date)

Quelle traversée préférez-vous prendre? (heure)

Il y a combien d'adultes?

Et combien d'enfants de moins de 14 ans?

Est-ce que vous voulez des sièges inclinables ou une cabine?

Avec ou sans douche?

Votre voiture, c'est quelle marque?

Quel est le numéro d'immatriculation?

Voulez-vous payer par eurochèque, par carte de crédit ou en espèces?

Ça fait … francs en tout.

Très bien. Voilà vos billets mademoiselle/monsieur. Et bon voyage.

À toi maintenant de jouer le rôle de l'agent; les réponses de ton/ta partenaire seront un peu différentes des tiennes selon les détails de sa famille et de sa voiture.

[L1] Ton journal intime

Raconte ce que tu as fait quand tu es allé(e) à une agence de voyages française comme interprète pour toute la famille. Qu'est-ce que tu y as fait? Donne les détails de la réservation faite sur le ferry.

[L2] Deuxième conversation: Les vacances

On peut bien sûr passer toutes sortes de vacances dans plusieurs sortes d'endroits. Tu vas discuter avec un(e) ami(e) les possibilités de ces endroits. Essaie de répondre aux questions avec autant de détails que possible. Ton/ta partenaire va te poser des questions supplémentaires — sers-toi de ton imagination si c'est nécessaire!

Quand tu vas au bord de la mer, qu'est-ce que tu aimes faire?		

Questions et suggestions	Aimes-tu
	    nager? te bronzer?
	    regarder les bateaux?
	    faire de la voile?
	    aller pêcher?
	    rencontrer d'autres
	        jeunes?
	    aller aux discos?
	    aller au cinéma?
		marcher sur la plage?
		faire des promenades?
		sur les falaises?
		prendre des photos?

Quand tu fais du camping, qu'est-ce que tu aimes le mieux?			
Questions et suggestions	Tu aimes	faire la cuisine dehors? manger dehors?	te coucher tard? te lever tard?
	Tu aides à dresser la tente? Elle est confortable, votre tente? votre caravane?		
	Et quand il pleut, que fais-tu? (lire, jouer aux cartes, jouer au monopoly?)		

Quand tu vas à la campagne, qu'est-ce que tu aimes faire?	
Questions et suggestions	Tu aimes pique-niquer?
	Qu'est-ce que tu manges quand tu pique-niques?
	Quelle sorte de campagne préfères-tu? Les forêts? Les montagnes? Les lacs? Les landes?
	Tu aimes regarder les oiseaux, prendre des photos, aller à la pêche, faire de longues promenades? Pourquoi?

Quand tu es en vacances chez toi, qu'est-ce que tu aimes faire avec tes ami(e)s?	
Questions et suggestions	Tu vas au centre de loisirs? Tu aimes aller à la piscine?
	Ça coûte combien? C'est loin? Comment y vas-tu?
	Tu vas au cinéma? Quels films préfères-tu?
	Le soir, tu sors? Où vas-tu?
	Tu as un petit emploi?
	Qu'est-ce que tu fais exactement? Combien de fois par semaine le fais-tu? Tu gagnes beaucoup?
	Avec cet argent qu'est-ce que tu achètes?

Maintenant, c'est à toi. Change de rôles et interroge ton/ta partenaire sur ses vacances préférées.

L2 **Ton journal intime**

Décris dans ton journal tes vacances idéales, et fais la comparaison entre ce que tu aimes faire et ce que ton/ta partenaire aime faire.

L1 **Message**

Vous rentrez à votre hôtel après la visite à l'agence de voyages et à la réception il y a un message. Ton père te demande de traduire le message pour lui.

> *Agence de voyages a téléphoné.*
> *Veuillez retourner là-bas.*
> *Ils n'ont pas mis le numéro de carte*
> *d'eurochèque au verso du chèque.*
>
>   *La Direction*

L1 **Deuxième rôle:** À l'agence de voyages

Tu expliques en anglais le message à ton père/ta mère (ton/ta partenaire). Imagine que tu rentres à l'agence pour rectifier l'erreur. Avec deux partenaires *complétez* la conversation dessous:

Agent   Bonjour _____ . Bonjour, monsieur.

Ton père: Bonjour, monsieur.

Toi: Bonjour, _____ . (Say you have received their message.)

Agent: Ah oui, vous êtes (says your name). Je suis désolé. J'ai oublié de vérifier le numéro de votre carte d'eurochèque.

Toi: (Say: It doesn't matter. The hotel is not far. This is my father, he has his card with him.)

Agent: Voilà votre chèque. (Say: May I see your cheque card please?)

Toi: Give me your card Dad. Voilà, monsieur.

Agent: Merci, alors, le numéro est 114021. Merci, monsieur. (Gives it back to your dad.) (Say: Good bye and have a good crossing.)

Toi: Merci. Au revoir _____ .

Ton père: Au revoir _____ .

Alors, puisque la conversation est très courte, vous devez tous les trois jouer les rôles cette fois sans regarder le livre si possible.

L1 | **Ton journal intime**

Raconte ce qui est arrivé quand vous êtes tous arrivés à l'hôtel et ce que vous avez fait. (Réception — message — retour à l'agence — retour à l'hôtel.)

L2 | **Narration:** Visite de la ville de Rouen (première partie)

Il te reste quelques heures à Rouen avant de devoir vous rendre au Havre pour prendre le ferry de 23 h 30. Avec tes parents tu as décidé d'explorer la ville. Raconte à ton/ta partenaire ce que vous avez fait et ce que vous avez vu ensemble, en utilisant les détails et le plan ci-dessous et à la page suivante. Suis l'itinéraire recommandé bien sûr et lis attentivement les descriptions officielles, mais ajoute aussi des détails plus personnels. Ton/ta partenaire va t'interrompre parfois pour te poser des questions supplémentaires.

Par exemple:

À quelle heure êtes-vous partis?

L'itinéraire a duré combien de temps?

Qu'est-ce que tu as aimé le plus?

Est-ce que tu es entré(e) dans des magasins?

Tu as acheté quelque chose d'intéressant?

Vous vous êtes arrêtés pour prendre quelque chose à boire ou à manger?

Vous êtes retournés à la place de la cathédrale à quelle heure?

Que penses-tu de Rouen?

VISITE DE LA VILLE

On ne peut connaître Rouen en quelques heures. Les rues des quartiers anciens sont restées aussi étroites qu'au Moyen-Age, et les plus intéressantes d'entre elles étant réservées aux piétons, il n'est pas question de les visiter en voiture.

Voici à titre de suggestion un itinéraire d'environ 2 heures, qui comprend les principaux points d'intérêts du centre historique, au départ de l'**Office de Tourisme.**

L'Office de Tourisme (n° 1), ancien **Bureau des Finances,** est un excellent spécimen de l'architecture de la Renaissance (début XVIe s.) qui fut particulièrement précoce à Rouen.

La Cathédrale (n° 2) : son édification s'échelonna sur plusieurs siècles ; on peut y suivre l'évolution de toutes les périodes du style gothique. La construction commença au XIIe s. avec la Tour St-Romain et se poursuivit durant la première moitié du XIIIe s. L'édifice fut embelli ultérieurement : Portail des Libraires et Portail de la Calende au XIVe s., façade occidentale et Tour de Beurre aux XVe et XVIe s. Au XIXe s., on éleva la flèche de fonte dont la pointe, culminant à 152 mètres, donne à la Cathédrale sa silhouette caractéristique.

Remarquables verrières des XIIIe, XIVe, XVe et XVIe s.

L'Eglise St-Maclou (n° 3) : joyau de l'art gothique flamboyant. Célèbre portail à 5 porches ; portes de bois sculptées datant de 1552.

L'Aître St-Maclou (n° 4) est un curieux édifice à pans de bois du début du XVIᵉ s. Les sculptures qui l'ornent rappellent que c'était à l'origine un ossuaire. Il abrite aujourd'hui l'Ecole des Beaux-Arts.

La rue Damiette, avec ses nombreuses maisons à pans de bois, conserve une atmosphère des siècles passés.

St-Ouen (n° 5) était l'église d'une abbaye bénédictine fondée à l'époque carolingienne. L'édifice actuel qui a été construit du XIVᵉ au XVIᵉ s. a une très grande unité. L'élancement de ses lignes et la lumière tamisée par de fort beaux vitraux en font un des plus beaux monuments gothiques de France. Grilles du chœur du XVIIIᵉ s. Orgues remarquables refaites par Cavaillé-Coll au XIXᵉ s.

Du jardin de l'Hôtel de Ville, on a une très belle vue sur le chevet, sur la tour centrale, dite Tour Couronnée, et sur l'Hôtel de Ville, ancien dortoir des moines. En traversant ce bâtiment de style classique, on découvre la seule galerie du cloître qui subsiste.

La rue de l'Hôpital, avec ses hôtels de la Renaissance et de l'époque classique, et la rue Ganterie permettent de rejoindre l'Allée Eugène Delacroix d'où l'on découvre le **Palais de Justice** (n° 6). Le passage voûté donne accès à la cour intérieure de l'Ancien Parlement de Normandie : son somptueux décor en fait un des plus beaux édifices civils de l'art gothique flamboyant (XVIᵉ s.). Pierre

Corneille a plaidé dans l'Ancienne Salle des Procureurs. Les vestiges d'un bâtiment juif des années 1100 ont été retrouvés sous la cour.

On rejoint ensuite la **Place du Vieux-Marché** (n° 7) par la rue aux Juifs et la rue Rollon. Cette place, où Jeanne d'Arc fut brûlée vive en 1431, associe les architectures passée et contemporaine : de belles maisons à pans de bois servent de cadre à l'**église Ste-Jeanne-d'Arc**, achevée en 1979. Le volume intérieur de l'église met en valeur de magnifiques vitraux du XVIᵉ s. provenant de l'église St-Vincent, détruite durant la dernière guerre. L'endroit du supplice de Jeanne a été retrouvé et matérialisé par une grande croix.

Place de la Pucelle, l'**Hôtel de Bourgtheroulde** (n° 8) est un bel hôtel gothique (XVᵉ s.) possédant une galerie Renaissance avec des bas-reliefs représentant l'entrevue du Camp du Drap d'Or.

Cet itinéraire s'achève par la **rue du Gros-Horloge**, très pittoresque et animée. Il faut remarquer la qualité de ses nombreuses maisons à pans de bois dont les plus anciennes datent du XIVᵉ s. Au milieu de la rue, on passe sous l'arcade du **Gros-Horloge** (n° 9) qui supporte un pavillon Renaissance orné de magnifiques cadrans. Le mécanisme se trouve encore dans le Beffroi du XIVᵉ s., auquel s'adosse une fontaine du XVIIIᵉ s. A cet ensemble hétéroclite s'ajoutent les bâtiments Louis XIII de l'Ancien Hôtel de Ville. Il est possible de monter au sommet du Beffroi et de découvrir ainsi un très beau panorama sur la «Ville aux cent clochers».

PLAN
SCHEMATIQUE
du CENTRE de ROUEN

1 Office de Tourisme
2 Cathédrale et Archevêché
3 Eglise St-Maclou
4 Aître St-Maclou
5 Eglise St-Ouen et Hôtel de Ville
6 Palais de Justice
7 Vieux-Marché
8 Hôtel de Bourgtheroulde
9 Gros-Horloge

[L2] **Messages**

Pendant la visite de la ville tu as décidé d'envoyer des cartes postales à des ami(e)s en France. Écris d'abord à ton/ta correspondant(e):

Dis merci pour son cadeau de Noël.

Dis ce que tu as vu à Rouen et ce que tu penses de la ville.

Dis que tu espères le/la revoir à Pâques.

Dis que tu vas prendre le ferry à 23 h 30 au Havre.

Écris aussi une carte à un(e) ami(e) en Angleterre — tu veux lui démontrer combien de progrès tu as fait, alors bien sûr tu lui écriras en français!

Décris un peu ta visite à Rouen.

Décris le temps qu'il a fait.

Dis ce que tu as acheté comme souvenirs.

Dis quand tu seras rentré(e) chez toi.

Invite-le/la à venir te voir le lendemain de ton retour.

[L2] **Narration:** Visite de la ville de Rouen (deuxième partie)

Regarde bien le plan de Rouen encore une fois. Maintenant que tu as écrit tes cartes tu dois aller à la poste (rue Jeanne d'Arc) pour acheter des timbres. Imagine que tu es devant la cathédrale. Dis à 'tes parents' (ton/ta partenaire) que tu vas à la poste et qu'il te faudra un quart d'heure. Quand tu reviendras, tu vas raconter ton petit quart d'heure à tes parents. Avant de commencer ton récit, prépare un petit plan et itinéraire pour t'aider à décrire ce que tu as fait. Voilà quelques suggestions pour t'aider:

Par quelles rues es-tu passé(e)? Qu'est-ce que tu as vu en route? Où était la poste? Est-ce qu'il y avait beaucoup de monde à l'intérieur? Tu as dû faire la queue? Qu'est-ce que tu as demandé exactement? Tu as payé combien? Où était la boîte à lettres? As-tu suivi le même chemin pour rejoindre tes parents? As-tu dû demander des directions à un passant?

Avant de commencer ton récit, prépare un petit plan et itinéraire pour t'aider à décrire ce que tu as fait.

[L2] **Ton journal intime**

Raconte brièvement la visite à Rouen et le départ pour le Havre. (Avez-vous pris un repas avant de partir? À quelle heure êtes-vous arrivés au Havre?)

L1 Lettre à une correspondante

Tu rentres à la maison et tu trouves une lettre de ta nouvelle correspondante française. Écris une réponse à sa lettre — n'oublie pas que c'est la *seconde* lettre que tu lui écris. Ne décris pas ta récente visite en France, mais réponds plutôt à ce qu'elle te dit dans sa lettre. Tu écriras à peu près 130 mots.

Salut !   Le 24 Janvier

Je m'appelle Béatrice Tremblay et j'ai 14 ans. Je suis née le 05.11.72.
J'ai une soeur Sylvie, elle a 24 ans.
Et deux frères, Patrice 19 ans et Bernard, 16 ans.
Mon père est décédé il y a déjà dix ans. Tandis que ma mère, elle, travaille dans une usine de câbles pour les petits jeux électroniques.
J'adore la musique — genre Madonna, the Cure, Prince etc... — les discothèques, les boums, sortir. Ce que je déteste, c'est l'école ! Toi aussi ? Au fait, merci pour ta carte de Noël qui était très gentille. Moi aussi, je te souhaite un joyeux Noël et une bonne année un peu en retard. Qu'est-ce que tu as reçu comme cadeaux ? Moi, j'ai reçu un nouveau vélo dont je suis très fière. Est-ce que par hasard tu n'aurais pas une photo de toi, s'il te plaît ? Merci d'avance.
   Dis bonjour à ta famille de ma part.
   Grosses bises de la part de Béatrice.
   Ecris-moi vite.

                    Béatrice

L2 La lettre du mois de janvier

Sans regarder ton journal intime, écris encore une lettre à Béatrice. Cette fois tu peux lui parler de ce qui s'est passé pendant le mois, surtout de ce que tu as fait à Rouen et le petit problème à l'agence de voyages.

FÉVRIER

L1 **Première conversation:** Quel temps préfères-tu?

En utilisant le tableau ci-dessous, pose dix questions à ton/ta partenaire.

Par quel temps (est-ce que)	tu dois	faire une promenade à la campagne?
	tu préfères	porter des vêtements chauds?
	tu aimes	acheter de nouvelles bottes?
		faire du camping?
En quelle saison (est-ce que)	tu n'aimes pas	faire de la voile?
	tu peux	pique-niquer sur la plage?
	tu ne peux pas	aller au bord de la mer?
		tondre la pelouse?
		faire réparer les tuiles du toit?
		dégeler les tuyaux d'eau?
		faire un bonhomme de neige?
		te bronzer à la plage?
		passer des vacances de ski en montagne?
		conduire avec soin?
		sortir en voiture?
		aller au travail en vélo?
		mettre un pullover?
		allumer les phares?
		jouer avec ton cerf-volant?
		porter une écharpe?
		utiliser ton parapluie?

Pour ses réponses, ton/ta partenaire peut utiliser ce tableau-ci:

	Temps convenable	Temps mauvais
Mais, bien entendu, quand	il fait beau/chaud	il fait froid/mauvais
	il fait du soleil	il fait du vent
Je fais ça surtout quand	il y a des éclaircies	il neige
	il ne pleut pas	il pleut à verse
	il fait doux	il gèle
		il y a du verglas
		il fait de l'orage
		il grêle
	Saison	il fait du brouillard
	en été	le ciel est couvert
	en automne	il fait lourd
	en hiver	
	au printemps	

L2

Vous pouvez tous/toutes les deux continuer votre discussion sur le temps en vous posant ces questions supplémentaires:

Quelle saison de l'année préfères-tu? Pourquoi?

Qu'est-ce que tu aimes faire en été/en automne/en hiver/au printemps?

Qu'est-ce qu'on ne peut pas faire quand il fait un temps mauvais?

Qu'est-ce que tu préfères faire quand il fait un temps convenable?

Décris le temps qu'il fait généralement dans ta région en hiver/au printemps/en été/en automne.

Quelles activités fais-tu dehors?

L2 **Ton journal intime**

Raconte un incident dans ta vie qui s'est passé par un temps exceptionnel. Par exemple, quand il a neigé dru, quand il a fait énormément de vent, quand il a beaucoup plu ou quand il a fait très, très chaud.

L2 **Deuxième conversation:** *La météo*

Regarde l'agenda ci-dessous. En posant des questions à ton/ta partenaire, essaie de découvrir le temps qu'il a fait chaque jour (voir première conversation, si besoin est). Complète l'agenda, en le reproduisant bien sûr dans ton cahier.

Exemple

Question: Dimanche matin, quand tu faisais du jogging, quel temps a-t-il fait?

Réponse: Il a fait très froid.

Jour	*Activité*	*Temps*
Dimanche matin	faire du jogging	
soir	faire du jardinage	
Lundi après-midi	travailler au bureau	il a plu à verse
soir	faire une petite promenade	la pluie s'est arrêtée
Mardi	passer une journée à la plage	
Mercredi matin	repeindre les fenêtres à l'extérieur de la maison	
après-midi	se relaxer dans le jardin	
Jeudi	passer toute la journée à la maison	
Vendredi matin	porter ton anorak chaud et tes gants	
Samedi après-midi	regarder le match de football au stade	

Quand tu as complété le tableau, donne-le à ton/ta partenaire. Il/elle va te poser des questions sur les *activités* que tu as faites pendant la semaine.

Exemple

Question: Lundi après-midi, il pleuvait à verse. Alors qu'est-ce que tu as fait?

Réponse: J'ai travaillé au bureau.

L2 Ton journal intime

En utilisant le tableau que tu as complété, décris dans ton journal intime une semaine d'activités. Tu pourrais commencer ainsi:

> jeudi 5 février
>
> Dimanche matin, quand je faisais du jogging, il a fait très froid. Lundi après-midi, quand ...

L1 Premier rôle: À la station-service

Ta famille a été invitée chez des amis qui habitent à Chamonix dans les Alpes. Vous n'êtes pas très loin de chez eux et vous vous arrêtez à une aire de repos à côté de l'autoroute.

Ton père doit s'occuper de la voiture. Tu vas l'aider en répondant aux questions du pompiste et en traduisant ce que ton père te demande.

Pompiste:	Bonjour, monsieur.
Toi:	(Say hello, and ask for 250 francs of petrol.)
Pompiste:	Super ou ordinaire?
Toi:	(Say 4 star, please.)
Pompiste:	Voilà, c'est tout?
Toi:	(Ask him/her to check the oil and wipe the windscreen.)
Pompiste:	Il vous faut un litre d'huile. Voilà, c'est fait.
Toi:	(Ask how much it is.)
Pompiste:	250 francs, et 20 francs, ça fait 270 francs en tout.
Toi:	(Ask if they accept the visa card [la carte bleue].)
Pompiste:	Oui, bien sûr, venez à la caisse, s'il vous plaît.

Toi:	(Say you want to go to Chamonix. Which exit is it off the motorway and how far is it?)
Pompiste:	Il faut simplement continuer jusqu'au bout de l'autoroute (A40). Ce n'est pas loin — environ 50 kilomètres.
Toi:	(Say thank you, and goodbye.)
Pompiste:	Au revoir. Bonne route. (Il s'éloigne.)

Soudain tu te rappelles que ton père a perdu sa carte détaillée de la région. Alors, demande au pompiste si on peut acheter des cartes routières. Il faut attirer son attention d'abord. Qu'est-ce que tu dis exactement? Qu'est-ce qu'il répond?

Scénario: Des ennuis en route

Vous avez quitté l'autoroute et vous êtes sur la RN205 à cinq kilomètres des Houches (nom du village le plus proche). Vous êtes donc à mi-chemin entre Chamonix et la fin de l'autoroute.

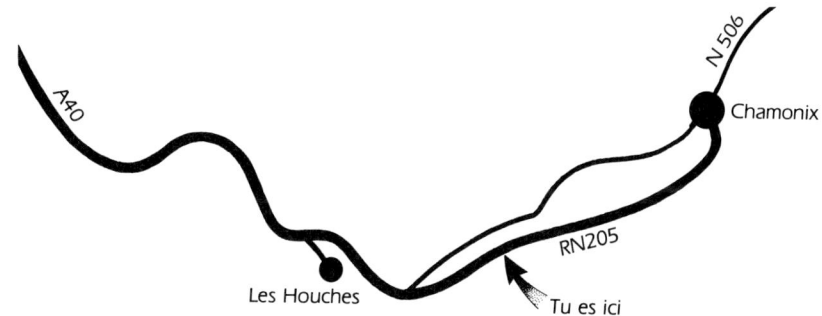

Vous avez crevé. Malheureusement, c'est votre deuxième crevaison en une demi-heure. Ce n'est pas grave mais vous aurez au moins deux heures de retard puisque la roue de secours, elle aussi, est toujours crevée. Il y a deux choses à faire:

L2 Laisser un message au téléphone;
L1 Téléphoner à un garage.

L2 **Message:** Le retard

Tu vas téléphoner à vos amis et laisser un message avec l'ami(e) allemand(e) qui répond. Avec un(e) partenaire, complétez la conversation qui va commencer comme suit:

Toi:	Allo, c'est Jeanne?
Voix:	Non, c'est Ingrid/Dieter. Jeanne est sortie.
Toi:	Ah. Vous pouvez lui donner un message, s'il vous plaît?

Ingrid/Dieter:	Répétez lentement, s'il vous plaît. Je suis allemand(e) et je ne comprends pas très bien.
Toi:	Pardon. (Alors, explique: qui tu es, où tu es, ce qui s'est passé, pourquoi il y aura un retard, l'heure à laquelle vous comptez arriver, que la famille ne doit pas s'inquiéter.)

Avant de commencer, ton/ta partenaire (qui joue le rôle d'Ingrid/Dieter) doit lire les instructions suivantes: Puisque tu es allemand(e) et puisque la personne qui te parle a un accent étrange (britannique!), tu as le droit de lui demander de répéter des détails de temps en temps. Écris ce que la personne t'a dit sur une feuille de papier — c'est le message à transmettre à Jeanne.

[L1] **Deuxième Rôle:** *L'appel au garage*

Tu dois téléphoner à un garage. En utilisant les détails et la carte de la section Scénario, complète avec un(e) partenaire la conversation suivante:

Toi:	Allô, Le Garage Boulé?
Garagiste:	Oui, à votre service.
Toi:	(Explique ce qui s'est passé — deux roues crevées.)
Garagiste:	Bon, ce n'est pas grave. Où êtes-vous exactement?
Toi:	
Garagiste:	C'est quelle marque de voiture?
Toi:	
Garagiste:	Elle est de quelle couleur?
Toi:	
Garagiste:	Bon. Ne vous inquiétez pas. Je vais envoyer un mécanicien avec une roue de secours.
Toi:	(Demande quand il arrivera.)
Garagiste:	Oh, ce n'est pas loin. Dans 20 minutes à peu près.
Toi:	(Dis merci et à tout à l'heure.)

[L1] **Ton journal intime**

[L2]

Écris dans ton journal ce qui s'est passé en route pour Chamonix à la station service, et ce qui s'est passé quand la voiture a crevé (le coup de téléphone au garage Boulé [L1] et, si tu l'as fait, le coup de téléphone à Ingrid/Dieter [L2]). Qu'est-ce qui s'est passé quand le mécanicien est arrivé? Vous êtes allés au Garage Boulé pour faire réparer les pneus? À quelle heure êtes-vous arrivés chez vos amis à Chamonix?

L2 **Narration:** L'arrivée à Chamonix

Vous êtes enfin tous arrivés chez vos amis. Étudie bien le plan de la ville dessous et raconte à Dieter/Ingrid (ton/ta partenaire) ce qui s'est passé quand vous êtes arrivés à Chamonix et comment tu as trouvé la maison. Dieter/Ingrid peut aussi poser des questions sur ce qui s'est passé en route (les crevaisons, le retard). Il y a un schéma à la page 60 pour vous aider.

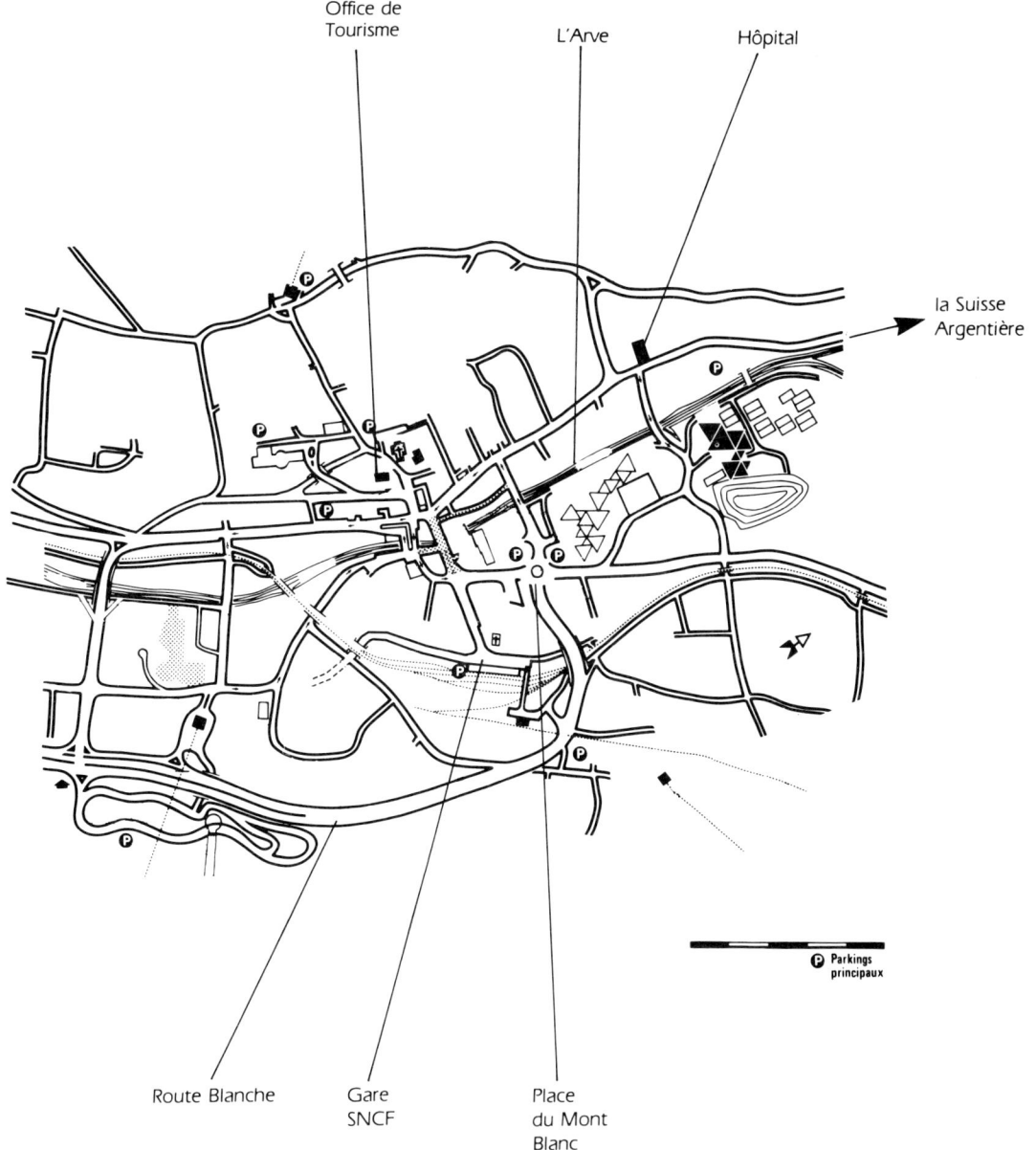

Office de
Tourisme

L'Arve

Hôpital

la Suisse
Argentière

Ⓟ Parkings
principaux

Route Blanche

Gare
SNCF

Place
du Mont
Blanc

Voilà un schéma pour vous aider. (N'oublie pas la carte dans la section Scénario à la page 57.)

l'arrivée à 17 h 30
la maison de nos amis
située pas loin de l'hôpital

16 h 00 quitté le garage près des Houches 10 kilometres à faire

pris la route vers
Argentière et la Suisse

arrivé à Chamonix par la Route Blanche

entré dans le bureau
demandé un plan de la ville

stationné pas loin de l'office
du tourisme

beaucoup de circulation
l'heure de pointe

traversé le chemin de fer
la place du Mont Blanc
l'Arve (pont, jolie vue)
tourné à gauche, puis à droite

suivi les panneaux vers l'office du tourisme

Change de rôle. Tu es maintenant Dieter/Ingrid et c'est à toi d'écouter et de poser des questions supplémentaires.

L2 | **La lettre du mois de février**

Écris une lettre à des ami(e)s en France. Explique un peu comment tu es arrivé(e) à Chamonix et ce qui s'est passé en route. Décris la maison de tes amis et parle des membres de la famille. En lisant bien l'extrait de brochure ci-dessous, dis à tes ami(e)s ce qu'il y a à faire à Chamonix. Écris entre 150 et 200 mots.

La vallée de Chamonix est délimitée par la chaîne du Mont-Blanc qui culmine à 4.807 mètres et par la chaîne des Aiguilles Rouges, belvédère naturel face au plus haut sommet d'Europe. La commune de Chamonix comprend outre l'agglomération, les villages et hameaux de : Les Bossons, les Pélerins, les Praz, les Bois, les Tines, le Lavancher, les Chosalets, Argentière, Montroc, le Tour. Population sédentaire de 9.500 habitants.

Tous renseignements :
OFFICE DU TOURISME - Place de l'Eglise - **74400 Chamonix** - Tél. **50.53.00.24** - Télex 385022 (Argentière, tél. 50.54.02.14) A Paris : **Maison de Savoie - 16 Boulevard Haussmann (9e)** - Tél. 1.45.23.05.50

MONTAGNE

COMPAGNIE DES GUIDES DE CHAMONIX, Maison de la Montagne, tél. 50.53.00.88 (Argentière, tél. 50.54.00.12) - 150 membres - Ecole d'alpinisme, stages, courses collectives, sorties en moyenne montagne, randonnées alpines. Toutes courses individuelles. Egalement à la Maison de la Montagne : OFFICE DE HAUTE MONTAGNE, tél. 50.53.22.08 - Météo, tél. 50.53.03.40 (répondeur) 3 bulletins par jour. ASSOCIATION INDEPENDANTE DES GUIDES DU MT-BLANC, rue des Moulins, tél. 50.53.27.05 - Ecole, stages, courses en montagne.

ECOLE INTERNATIONALE D'ALPINISME, les Praz, tél. 50.53.39.59 - Cours collectifs, stages, ascensions. CLUB ALPIN FRANÇAIS, av. Michel Croz, tél. 50.53.16.03 - Accueil, affiliations, assurances. SECOURS EN MONTAGNE, tél. 50.53.16.89 - Organisation permanente opérant à titre onéreux. SENTIERS BALISES - 310 km d'itinéraires entretenus (cartes des promenades vendues à l'O.T.). RESERVE NATURELLE DES AIGUILLES ROUGES Chalet d'accueil au Col des Montets, tél. 50.54.02.24 - Sentier botanique, promenades guidées.

SPORTS

CENTRE NAUTIQUE, tél. 50.53.23.70 - 6 bassins dont trois couverts saunas - professeurs diplômés. HALL OMNISPORTS (6 salles), 10 disciplines - professeurs E.P.S. PATINOIRE, tél. 50.53.12.36 - artificielle couverte - professeur diplômé. Ouvert tous les jours l'après-midi. TENNIS : 12 courts, 3 courts couverts et 2 squash gérés par le Club des Sports (Club-House, tél. 50.53.17.43). Professeur diplômé. - 4 courts couverts, 1 squash, 3 courts extérieurs : Tennis des Iles à Argentière (tél. 50.54.05.78). Nombreux courts privés d'hôtels. GOLF, aux Praz - Parcours de 18 trous, dessiné par R. Trent Jones. Club House, tél. 50.53.06.28. Leçons, compétitions hebdomadaires. EQUITATION - LUGE D'ETE (piste artificielle aux Planards), pétanque (terrain de boule, route du Bouchet), pêche (cartes départementales), golf miniature (aux Pélerins), etc.

DISTRACTIONS

Casino (tous les jours, roulette, black-jack, chemin de fer, 30 et 40). 8 cabarets-discothèques, 4 cinémas, musée alpin, parcs d'animaux (Merlet et Montenvers), excursions en cars. Manifestations : Semaines Musicales du Mt-Blanc - Fête des Guides (15 août) - Cross du Mt-Blanc (début juillet) - Conférences, expositions, galas de patinage, matches de hockey, etc. Célébration nationale du Bicentenaire de l'ascension du Mont-Blanc.

MARS

⌊L1⌋ **Première conversation:** La nourriture et les repas en Angleterre

Un groupe scolaire vient d'arriver à ton collège. Tu vas héberger un(e) jeune Français(e). C'est la première fois qu'il/elle loge chez des Anglais et il/elle a des inquiétudes au sujet de la nourriture anglaise! Il/elle te pose des questions là-dessus et tu vas répondre selon les habitudes de ta propre famille et essayer de calmer ses appréhensions!

Voilà les questions que ton ami(e) (ton/ta partenaire) va te poser:

> Alors, le matin, à quelle heure on prend le petit déjeuner?
>
> Qu'est-ce que tu manges normalement?
>
> Est-ce que je dois absolument boire du thé?
>
> Je peux avoir peut-être du jus de fruit?
>
> Boit-on souvent ici du chocolat au petit déjeuner?
>
> Et le bacon et les œufs, ça se mange tous les jours?

> À quelle heure est-ce qu'on déjeune? On rentre ou on reste au collège?
>
> Qu'est-ce qu'on mange d'habitude?
>
> Est-ce que c'est bon? Il y a souvent de la sauce à la menthe?
>
> Qu'est-ce qu'on boit avec les repas — du coca?
>
> On met vraiment tout ensemble — la viande, les légumes, les pommes de terre — sur l'assiette?

> On prend le goûter (le thé) chez toi l'après-midi? À *five o'clock*?
>
> Qu'est-ce qu'on mange alors?
>
> Il y a aussi un repas du soir ou un snack plus tard? Ça consiste en quoi?
>
> Tu aimes le *fish and chips*? C'est cher? On l'enveloppe toujours dans *The Times*?

Espérons que tu as bien répondu aux questions! C'est à toi maintenant de devenir français(e) — change de rôle et pose les questions à ton/ta partenaire.

|L1| **Ton journal intime**

Tu vas décrire la conversation que tu as eue sur les habitudes de ta famille pour les repas. Qu'est-ce que tu as dû expliquer à ton ami(e)? Est-ce que tu as été surpris(e) par quelques-unes de ses questions?

|L1| **Premier rôle:** Réserver une table

C'est jeudi. Vous avez décidé de manger dans un restaurant ce weekend. Ton père te demande de réserver une table à un restaurant qui s'appelle Le Clair de Lune. Téléphone donc et parle avec le/la propriétaire (ton/ta partenaire). Vous êtes cinq personnes; vous voulez manger vers huit heures, samedi soir.

Toi:	Allô, c'est Le Clair de Lune?
Propriétaire:	Oui monsieur/mademoiselle. À votre service.
Toi:	
Propriétaire:	C'est pour ce soir?
Toi:	
Propriétaire:	Attendez un moment, nous avons beaucoup de réservations pour samedi. À quelle heure voulez-vous manger?
Toi:	
Propriétaire:	Je suis désolé, nous sommes complets ce soir-là. Mais il y a toujours de la place dimanche.
Toi:	Alors, ça va.
Propriétaire:	Très bien. Alors, c'est cinq personnes pour dimanche soir. À quel nom?
Toi:	

Propriétaire: Pouvez-vous l'épeler, s'il vous plaît?
Toi:
Propriétaire: _____ . Bien, merci monsieur/mademoiselle. Au revoir.
Toi: Au revoir.

Va dire à ton père/ta mère (ton/ta partenaire) ce que tu as organisé et pourquoi samedi n'était pas possible.

L2 **Deuxième conversation:** La nourriture et les repas en France

Cette fois tu vas poser des questions à ton ami(e) français(e) sur la nourriture en France. Ton/ta partenaire va jouer le rôle du jeune Français/de la jeune Française. Il y a quelques tuyaux pour t'aider dans la case à la page suivante.

Voilà les questions:

À quelle heure est-ce que tu prends le petit déjeuner chez toi?

Mais pourquoi si tôt?

Qu'est-ce que tu prends?

C'est tout? Tu ne manges pas de croissants tous les jours?

À quelle heure tu prends le déjeuner?

Tu rentres ou tu restes au collège?

Qu'est-ce qu'il y a à manger d'habitude?

C'est bon?

À quelle heure tu rentres après les cours?

Tu prends quelque chose à manger à cette heure-ci?

Et le repas du soir?

Tu bois beaucoup de vin?

On met de l'ail dans tous les plats? Tu as déjà mangé des cuisses de grenouilles et des escargots?

Tu passes combien d'heures à table?

Quel est ton plat préféré?

Alors, maintenant change de rôle, mais essaie de répondre sans regarder les tuyaux cette fois!

Les Tuyaux

Puisque tu n'es pas français(e), voilà quelques phrases pour t'aider à répondre aux questions sur les repas français:

> Les cours commencent à huit heures du matin et finissent à cinq heures de l'après-midi en France.

> Du chocolat chaud/du café.

> Des croissants/du pain/de la confiture.

> De temps en temps/les jours de fête.

> À midi/à la cantine.

> Hors d'œuvre, plat garni, fruit ou dessert, pain, jus de fruit (voir aussi le mois d'octobre, page 11).

> Le goûter: du pain avec du chocolat, boisson chaude.

> Le repas du soir: potage, de la viande, légumes, salade, fromage, dessert.

> Pas toujours/très rarement/jamais.

L2 **Ton journal intime**

Raconte ce que ton ami(e) français(e) a dit sur les repas en France. Fais la comparaison entre les repas chez toi et en France. Est-ce que tu as été surpris(e) par les réponses de ton ami(e)?

L2 **Deuxième rôle:** Au restaurant Le Clair de Lune

Vous entrez en famille (choisis deux ou trois ami(e)s pour jouer les rôles de père, mère, etc.) dans le restaurant. C'est toi l'interprète de la famille comme toujours. Ton/ta partenaire est garçon/serveuse.

Garçon/serveuse: Bonjour, messieurs/dames. C'est pour combien de personnes?

Toi:

Garçon/serveuse: Venez par ici, s'il vous plaît. (Vous vous installez.) Vous voulez un apéritif?

Toi: (Dis non, et demande-lui de vous apporter la carte.)

Garçon/serveuse: Alors voilà les menus que nous vous proposons.

Toi: Merci. (Maintenant ta famille doit choisir entre les menus selon leurs goûts. Vérifiez dans un dictionnaire si vous ne les comprenez pas, ou demandez des explications au garçon/à la serveuse! Enfin, tu fais la commande pour tout le monde.)

Garçon/serveuse: (Tu dois écrire la commande, et la vérifier en répétant, par exemple «Alors, c'est un menu à 60 francs, avec fromage, deux à 80 francs avec dessert», etc.) Vous voulez quelque chose à boire, messieurs/dames?

Toi:

Le repas est terminé.

Toi: (Attire donc l'attention du garçon/de la serveuse et demande l'addition.)

Garçon/serveuse: (Tu as entre-temps préparé l'addition — le service est compris.)

PROPOSITIONS DE MENUS
Prix nets (service compris)

MENU à 50 FRS
L'Assiette de Cochonaille
Le Poulet Cocotte Grand-Mère
Les Légumes du Jour et Frites
La Salade Verte
Le Fromage ou Dessert

MENU à 60 FRS
La Salade Exotique
La Fricassée de Porc à l'Ancienne
Les Légumes du Jour et Frites
La Salade Verte
Le Fromage ou Dessert

MENU à 65 FRS
La Terrine de Saumon
Le Pintadeau au Poivre Vert
Les Légumes du Jour et Frites
La Salade Verte
Le Fromage ou Dessert

MENU à 70 FRS
La Salade de Fruits de Mer
Le Navarin d'Agneau Printannier
Les Flageolets et Frites
La Salade Verte
Le Fromage
La Charlotte aux Fruits

MENU à 75 FRS
Le Filet de Bar à la Sauce Hollandaise
Le Cœur de Rumsteack Sauce Mexicaine
Les Légumes du Jour et Pommes Noisettes
La Salade Verte
Le Fromage
Le Gateau de Chocolat Amer aux Amandes

MENU à 80 FRS
La Croustade de Ris de Veau
La Cuisse de Canard aux Mirabelles
Les Légumes du Jour et Pommes Noisettes
La Salade Verte
Le Fromage
La Poire Belle-Hélène

▣L2 Ton journal intime

Raconte l'excursion au restaurant. Comment y êtes-vous allé(e)s? Où était-il? Décris un peu l'intérieur (Moderne? Vieux? Combien de tables?). Est-ce que tout le monde a bien mangé? Qu'est-ce que tu as mangé, toi? Qui n'a pas aimé son plat? Qu'est-ce que vous avez fait après?

Narration: À l'hôtel

▣L1 Première partie

Étudie bien le dépliant reproduit en bas et à la page suivante. Il y a sur le dépliant des phrases traduites en anglais. Trouve-les, fais-en une liste et essaie de les corriger ou de les changer un peu si tu trouves qu'elles n'ont pas l'air tout à fait anglaises. Tu auras besoin peut-être d'un dictionnaire, mais aussi plutôt de ton imagination!

Hôtel de Champagne

MARNAVAL

52100 - ST-DIZIER - Tél. 25.05.67.54

Sur la route de vos vacances, découvrez dans un village à 3 minutes de St-Dizier, «l'HOTEL DE CHAMPAGNE» à Marnaval

You're going on holiday ? Don't miss «l'HOTEL DE CHAMPAGNE» in a small village Marnaval (3 km from St-Dizier)

2★★ cuisine et chambres

a two stars Hotel rooms and cooking

Son restaurant - Ses salons
Its restaurant. its sitting room

POSSIBILITÉS :
Séminaires
Banquets - Réunions
Fêtes familiales, etc.
POSSIBILITIES :
Seminaries - Meetings
Banquets - Parties

Dans un cadre agreable
où il fait bon vivre
Feel at home in a very nice place '

Le Chef MARC vous suggère :

Ses menus, sa carte,

Ses spécialités
de poisson :
  - Terrine de poisson
  - Poisson cru mariné
  - Poisson sauce sucrée

plus sa cuisine traditionnelle et rustique
finement élaborée.

**You may either by Chef MARC'S
fish speciatities :**

- *fish «paté» (earth and wave pan fish)*
- *Raw fish (marinaded in sweet sauce)
 or his delicious and well-prepared home cooking*

Dégustez dans une ambiance feutrée :
Apéritifs - Wisky
Ses COCKTAILS
préparés spécialement par Marie-Claude

Taste it in a quiet atmosphere :
Drinks - Aperitifs - Wiskie
or Marie-Claude's home mode COCKTAILS

**POUR VOTRE REPOS, DES CHAMBRES
SUPER CONFORTABLES**

**HAVE A REST
IN VERY CONFORTABLE ROOMS**

*Entièrement rénovées,
salles de bains, W.C.
téléphone, magnétoscope*

*Newly restaured,
Facilities : bathrooms - indoors sanitaries
téléphone - vidéo*

L2   ## Deuxième partie

Fais un récit à ton/ta partenaire d'un séjour à cet hôtel. Ton/ta partenaire va te poser les questions ci-dessous, mais tu peux donner des réponses aussi longues que tu veux. Voilà des questions pour aider ton/ta partenaire:

Où es-tu allé(e) avec ta famille en vacances?

Quand êtes-vous arrivés à l'hôtel?

Décris ce qui s'est passé à la réception. (Combien de chambres, et de quelle sorte as-tu réservées?)

Comment était l'hôtel?

Décris l'extérieur. Et les chambres? La tienne? Celle de tes parents?

Vous avez pris le dîner? Décris la salle à manger.

Qu'est-ce que vous avez mangé? C'était bon?

Et le matin, à quelle heure vous vous êtes réveillés?

Vous avez pris le petit déjeuner? Où? Dans la chambre?

C'était cher, l'hôtel? Vous êtes partis quand?

Maintenant tu peux prendre ta revanche! Demande à ton/ta partenaire de raconter ce qu'il/elle a compris de *ta* visite à cet hôtel — de préférence, sans regarder encore le dépliant.

L1 Ton journal intime

L2 Fais maintenant le récit écrit de cette nuit passée à l'hôtel, ou si tu préfères tu peux faire le récit d'un séjour fait dans un vrai hôtel que tu connais.

L1 Message

Vous avez tous été tellement impressionnés par l'hôtel que vous avez décidé d'y descendre sur le chemin du retour. Tu écris donc une carte postale pour faire la réservation. N'oublie pas de donner les détails suivants: la date de votre arrivée et de votre départ, le nombre de personnes (âges des enfants), le nombre de chambres/lits (avec douche/ avec salle de bain?), votre nom de famille écrit en majuscules, l'adresse de l'hôtel (voir dépliant).

L2 Une lettre reçue

Tu es maintenant rentré(e) en Angleterre et il y a une lettre qui t'attend. Lis attentivement la lettre. Écris une réponse convenable, en répondant aux questions posées et en y ajoutant des tiennes.

> Gernac, le 31 mars
>
> Cher ami/Chère amie,
>
> Je me réjouis de faire bientôt ta connaissance et j'ai le plaisir de t'annoncer que je peux rester avec toi jusqu'au samedi 25 avril. Des amis français viendront me chercher chez toi en même temps que mon amie Anne-Marie Hamon pour repartir le 25, très tôt le matin. J'espère que tu me pardonneras de ne pas très bien parler l'anglais. Je n'apprends l'anglais

que depuis deux ans maintenant car
j'ai fait l'allemand en première langue.
Je me passionne pour la musique, je joue
du piano, du violoncelle, du tambourin
et du triangle, ma sœur (Frédérique 16
ans) joue de la flûte et mon frère
(Didier 17 ans et demi) joue de la
guitare. J'aime bien écouter les cassettes
des chanteurs comme Duran-Duran,
A-ha, les Bangles, Etienne Daho et
Jeanne Mass. Et toi, de quel instrument
joues-tu? Qu'aimes-tu faire quand tu
as du temps libre?
Dans l'attente de notre rencontre je
t'envoie mes amitiés ainsi qu'à ta
famille.
                     Love
                       Emmanuelle.

L2   La lettre du mois de mars

Écris à tes grands-parents. Parle des différences entre la nourriture anglaise et française, de ce repas du soir au restaurant, de la nuit passée à l'hôtel et de la jeune fille française qui va venir bientôt chez toi. N'écris pas plus de 150 mots en tout.

AVRIL

L1 **Première conversation:** Les moyens de transport
(première partie)

Aujourd'hui tu vas parler des différents moyens de transport avec ton/ta
partenaire. Ton/ta partenaire va te poser des questions, mais il/elle peut
très bien en ajouter d'autres s'il/si elle veut. Tu devrais essayer de parler
beaucoup, de décrire tes expériences et d'exprimer tes opinions, sans
attendre la prochaine question.

Le vélo/la bicyclette

Tu aimes les vélos? Tu en as un? Et ton frère? (etc.)

Quand est-ce que tu t'en sers? (Pour venir au collège? Pour faire des
promenades? Pour aller chez des amis?)

Qui t'a acheté ton vélo? C'était pour un anniversaire ou pour Noël?

Quels sont les inconvénients d'un vélo? (Par mauvais temps... fatigant...
lent...)

Quels en sont les avantages? (Exercice... stationnement... bon marché)

L'autobus/le car

Raconte où tu es allé(e) la dernière fois que tu as voyagé en autobus.

Tu vas régulièrement en autobus?

Pour aller à (nom d'une ville près de chez toi), combien est-ce que ça
coûte?

Tu as fait une excursion scolaire en car? Où? Avec qui? Quand? Décris
le voyage et la visite.

Quels sont les avantages et les inconvénients de voyager en car? Pour
les excursions en ville par exemple.

Le train/le métro

Tu prends le train de temps en temps?

Pour aller où? Décris le voyage.

Tu aimes les trains? Pourquoi?

Tu as déjà pris le métro? (Si oui — qu'est-ce que tu en penses? Qu'est-ce que tu as fait exactement?)

Change de rôle maintenant. C'est à toi de poser les questions. N'oublie pas de poser des questions supplémentaires.

L1 **Premier rôle:** À la gare

Tu es à Paris et tu veux prendre le train. Va à la gare et étudie bien l'horaire des trains (en bas). Tu vas choisir plusieurs destinations et tu vas demander de différentes sortes de billets à ton/ta partenaire qui sera au guichet. Entraînez-vous tous/toutes les deux d'abord avec la conversation suivante. Ensuite reprenez la conversation mais en changeant les détails soulignés. Bons voyages!

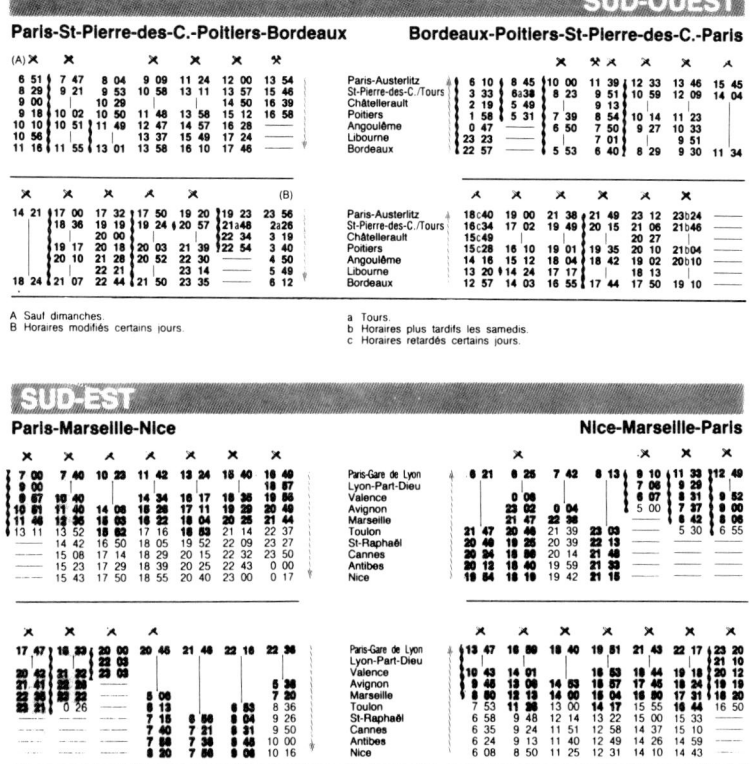

Guichet:	Bonjour, monsieur/mademoiselle.
Toi:	Bonjour. Je voudrais trois billets pour Libourne.
Guichet:	Très bien. C'est pour quand?
Toi:	Pour vendredi.
Guichet:	Vers quelle heure voulez-vous voyager?
Toi:	Vers 8 h 00 du matin.
Guichet:	Il y a un train à 8 h 04.
Toi:	C'est direct?
Guichet:	Non, il faut changer à Bordeaux. Il ne s'arrête pas à Libourne. (ou Oui, c'est direct.)
Toi:	Il y a un wagon restaurant?
Guichet:	Non, pour ça il faut prendre le train à 9 h 09, qui s'arrête aussi à Libourne.
Toi:	Il faut réserver d'avance?
Guichet:	Non, monsieur/mademoiselle. Mais je vous le conseille.
Toi:	Bon, alors trois billets pour le train de 9 h 09 pour Libourne s'il vous plaît, pour vendredi, le 15 avril.
Guichet:	Première ou deuxième classe?
Toi:	Première classe.
Guichet:	Aller et retour ou aller simple?
Toi:	Aller et retour.
Guichet:	Vous êtes combien d'adultes et combien d'enfants de moins de _____ ans?
Toi:	2 adultes, un enfant.
Guichet:	Alors, ça fait _____ francs en tout, monsieur/mademoiselle.

Avant de commencer les nouvelles conversations, pour faciliter l'échange, prépare-toi en faisant un aide-mémoire sur un bout de papier avant d'aller au guichet.

Par exemple:

4 personnes (2 adultes et 2 enfants)
samedi, vers 16 h 00
pour Poitiers
2e classe, aller simple
avec wagon - restaurant

L1 **Ton journal intime**

Raconte exactement ce que tu as fait à la gare, ce que tu as enfin acheté comme billets et ce que tu vas faire en arrivant à ta destination.

L2 **Deuxième conversation:** Les moyens de transport (deuxième partie)

Tu vas continuer maintenant à discuter des moyens de transport comme dans la première section.

La voiture

Tes parents ont une voiture? (Sinon, parle de la voiture de tes ami(e)s.)

Elle est de quelle marque? Et de quelle couleur? Elle a combien d'années?

Tu aimes bien voyager en voiture? Tu viens au collège en voiture? Qui sait conduire dans ta famille?

À quel âge peut-on obtenir son permis de conduire? Et en France? (Le sais-tu?)

Décris la dernière fois que tu as fait une petite excursion en voiture. (Où? Quand? Avec qui?)

Quels sont les avantages et les inconvénients d'une voiture? (Pour les petits déplacements, pour les longs voyages, pour les excursions, en ville [parking, embouteillages] et à la campagne.)

Le ferry et l'avion

Tu as fait un voyage par le ferry? Décris où tu es allé(e), quand et avec qui.

Et l'avion? Tu l'aimes? Tu n'as pas peur?

Raconte où tu es allé(e), quand et avec qui.

(Si tu n'as jamais voyagé ni en avion ni par le ferry, imagine où tu voudrais aller et parle un peu de ça.)

Change de rôle, c'est à toi de poser les questions. N'oublie pas d'essayer de poser des questions supplémentaires sur les détails des excursions.

L2 **Ton journal intime**

Raconte dans ton journal intime au moins un voyage, grand ou petit, que tu as fait soit en voiture, soit en car, ou même en ferry ou en avion. Avec qui es-tu allé(e), quand, où et pour combien de temps?

L2 **Deuxième rôle:** Le métro

Tu veux explorer Paris et voir les grands sites touristiques. Alors étudie bien le plan du métro. Comme pour le train (voir page 73) tu vas pouvoir t'entraîner avec une conversation donnée en exemple. Après, tu vas reprendre la conversation mais en changeant les détails soulignés. Ton/ta partenaire sera au guichet. (Si tu ne comprends pas comment utiliser le plan du métro, demande à ton professeur.)

pour l'Arc de Triomphe
pour l'Assemblée Nationale

pour le Grand Palais et le Petit Palais

pour la place de La Concorde

pour le Sacré Coeur et Monmartre

pour le Forum des Halles

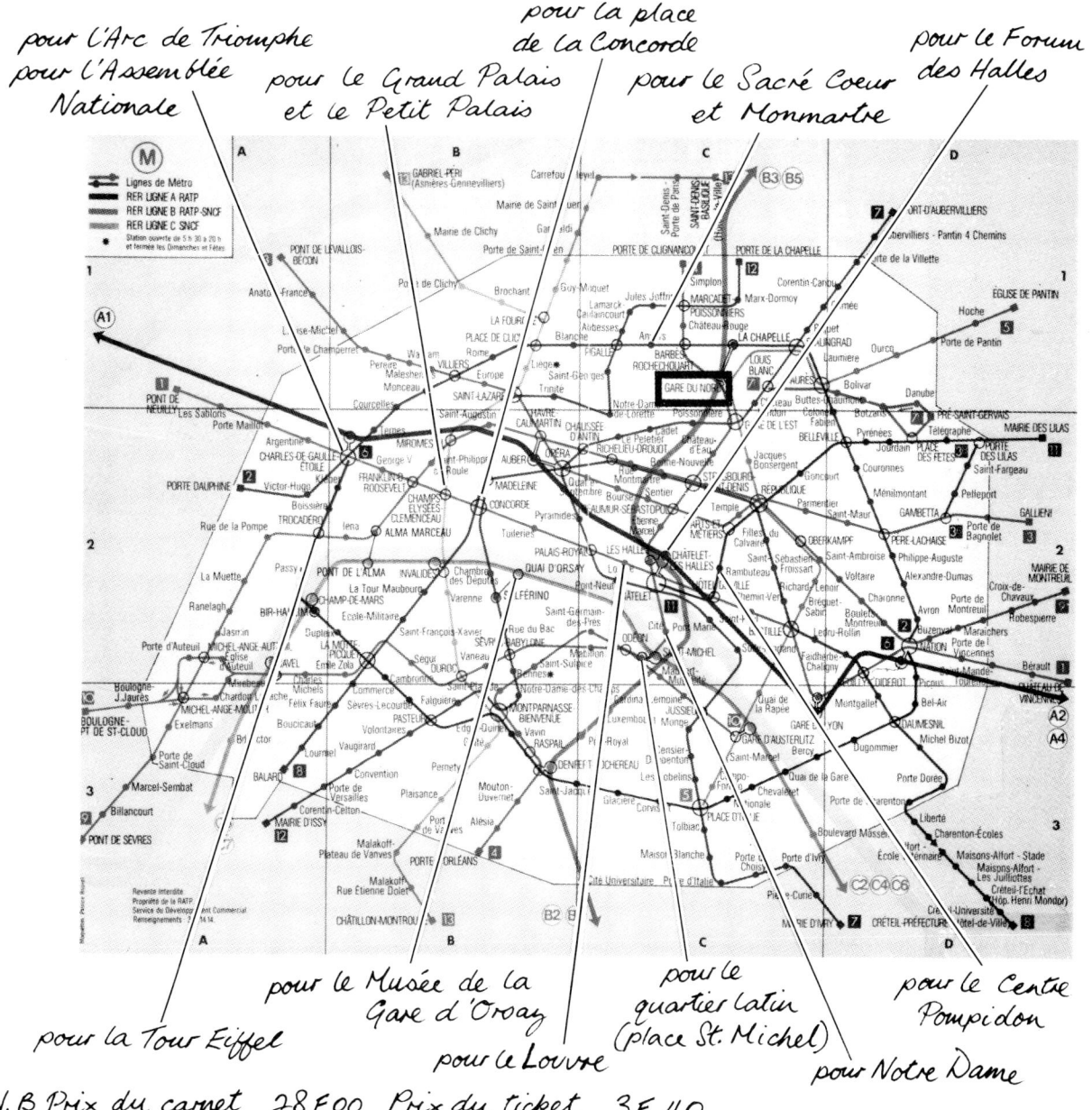

pour la Tour Eiffel

pour le Musée de la Gare d'Orsay

pour le Louvre

pour le quartier latin (place St. Michel)

pour Notre Dame

pour le Centre Pompidon

N.B. Prix du carnet 28F00 Prix du ticket 3F 40

Au métro: Tu es à la gare du Nord

Toi:	Bonjour. Pour aller <u>au Forum des Halles</u>, s'il vous plaît. C'est quelle station?
Guichet:	Regardez le plan. Il faut descendre à <u>Châtelet</u>.
Toi:	C'est quelle ligne, monsieur/madame? Et c'est quelle direction?
Guichet:	C'est la <u>ligne..., direction...</u>
Toi:	<u>Est-ce qu'il faut changer?</u>
Guichet:	Oui, vous descendez à _____ et vous suivez le panneau 'correspondance'. Vous prenez la ligne _____ , direction _____ et vous descendez à _____ .
	(*Ou* Non, c'est direct.)
Toi:	Merci bien monsieur. Alors <u>trois tickets</u> s'il vous plaît.
Guichet:	Vous ne voulez pas un carnet? C'est moins cher.
Toi:	Ah oui, merci — un carnet, s'il vous plaît.
	(*Ou* non, merci, <u>trois tickets</u> seulement.)
Guichet:	Voilà monsieur/mademoiselle.
	Ça fait _____ francs.
Toi:	Voilà monsieur/mademoiselle. Merci.

Reprenez la conversation plusieurs fois en choisissant plusieurs destinations sur le plan.

L2 Ton journal intime

Raconte ce que tu as fait au métro, où tu es allé(e), et ce que tu as visité. As-tu eu des difficultés? T'es-tu trompé de ligne? As-tu passé une bonne journée à Paris?

L1 Messages

Malgré toutes les précautions que tu as prises pour arriver à l'heure à ta destination tu réalises que tu seras en retard dans les situations indiquées à la page ci-contre. Alors téléphone à tes ami(e)s pour leur annoncer la nouvelle. Sois bref, ça coûte cher et tu n'as pas beaucoup de monnaie pour le téléphone. Ton/ta partenaire sera à l'autre bout de l'appareil et prendra note de ce que tu dis pour vérifier les détails après. Il/elle peut bien entendu poser des questions.

Les conversations commenceront peut-être ainsi:

Allô, c'est Fred. Il y a un retard.

Qu'est-ce qui s'est passé alors? Où es-tu?

(Message)

Bien, à toute à l'heure.

À bientôt. Au revoir.

Premier scénario

Tu as manqué le train de 7 h 00 à la gare du Nord. Le prochain train est à 8 h 00 et arrivera à Rouen à 11 h 00. Tu porteras un pull rouge et deux valises blanches.

Deuxième scénario

Le car est tombé en panne et tout le groupe scolaire n'arrivera pas avant deux heures du matin. Ton ami(e) doit avertir les professeurs, qui doivent avertir tous les parents!

Troisième scénario

Le ferry est toujours à Portsmouth. Il y aura un retard de cinq heures. Vous arriverez peut-être vers 10 h 00 du soir. Tu vas retéléphoner pour les tenir au courant de la situation.

Narration: La visite aux îles Anglo-Normandes

L2

Première partie

Étudie bien le dépliant reproduit à la page suivante. Tous les détails sont là pour que tu puisses bien organiser un beau voyage de Granville pour visiter les îles Anglo-Normandes avec un(e) ami(e). D'abord avec ton/ta partenaire il faut établir *l'itinéraire*: la date et l'heure du départ, l'heure d'arrivée, le prix, la durée du séjour. Il y a beaucoup de détails sur le dépliant, alors vous pouvez faire un itinéraire simple, ou plus compliqué.

Vous allez raconter cette excursion *ensemble* à des ami(e)s. Alors préparez *ensemble* comment vous allez décrire cette journée — qui va parler de quelle partie de l'excursion ou de quel incident? (Vous allez dire souvent «Nous...» aussi bien que «Je...»). Vous pouvez préparer une version écrite pour vous aider si vous voulez.

Préparez aussi quelques questions que vous allez poser à vos ami(e)s sur *leur* visite. Par exemple:

Quand y êtes-vous allé(e)s?

Combien de jours avez-vous passés là-bas?

Qu'est-ce que vous avez fait sur l'île?

Comment nous trouver ?

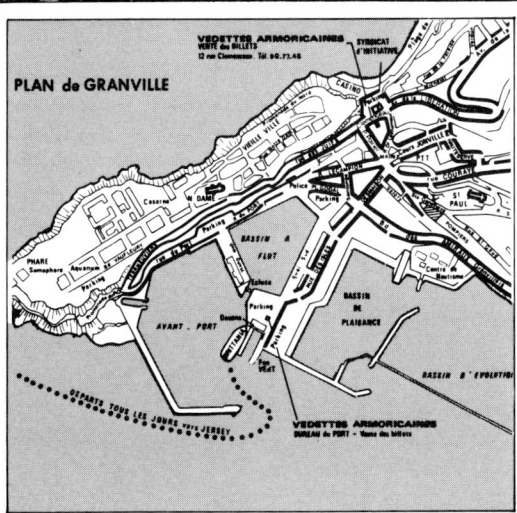

PLAN de GRANVILLE

RÉSERVATION GRATUITE : Vedettes Armoricaines
12 rue G. Clemenceau - BP 304 - 50403 GRANVILLE
Telex 170449 F 📞**33 50 77 45 +**

TARIFS - GRANVILLE-JERSEY

	ENFANTS 3 à 14 ans	ADULTES
Aller simple	95 F	155 F
A + R dans la journée ..	110 F	190 F
A + R 72 h	155 F	255 F
A + R Longue durée	170 F	275 F

RÉDUCTIONS IMPORTANTES POUR GROUPES,
3ème AGE, les Juniors et les scolaires

Tarifs inter-îles : SARK et GUERNESEY sur demande.

AVRIL

Dates	Départs **Granville** H. Franç.	Départs **St-Hélier** H. Locale
Mar 1	*	*
Mer 2	11 h 15	19 h 30
Jeu 3	(11 h 40)	(21 h 30)
Ven 4	8 h 00	14 h 00
Sam 5	8 h 30	17 h 30
Dim 6	9 h 00	17 h 00
Lun 7	8 h 30	16 h 30
Mar 8	8 h 30	17 h 00
Mer 9	8 h 30	17 h 00
Jeu 10	8 h 30	18 h 00
Ven 11	8 h 30	17 h 00
Sam 12	8 h 30	17 h 30
Dim 13	9 h 00	17 h 00

Lun 14	*	*
Mar 15	8 h 45	17 h 15
Mer 16	9 h 00	17 h 30
Jeu 17	9 h 15	18 h 15
Ven 18	(10 h 30)	(20 h 00)
Sam 19	7 h 30	16 h 45
Dim 20	8 h 30	16 h 45
Lun 21	8 h 30	16 h 45
Mar 22	8 h 30	17 h 00
Mer 23	8 h 30	17 h 00
Jeu 24	8 h 30	18 h 00
Ven 25	11 h 30	17 h 15
Sam 26	8 h 30	17 h 30
Dim 27	9 h 00	17 h 00
Lun 28	8 h 30	17 h 00
Mar 29	8 h 30	17 h 30
Mer 30	9 h 30	18 h 30

GRANVILLE

Jersey

HORAIRES

BRITTANIA
340 passagers

Bar/Duty-free/Salons/Ponts promenade

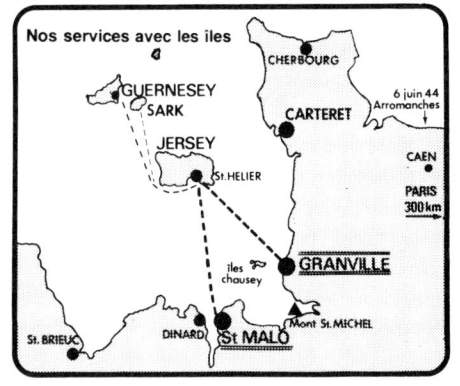

Nos services avec les îles

Nous vous proposons le
TOUR de l'Île de JERSEY
en autocar
Départ à votre arrivée
au port de St-Hélier
Repas inclus au prix total de
115 F

Menu
hors d'œuvre
poisson
viande et légumes
fromages
dessert
café

Deuxième partie

Quand vous êtes tous/toutes les deux satisfait(e)s de votre histoire et de vos questions, allez chercher un autre couple qui, eux aussi, ont fait une excursion semblable aux îles Anglo-Normandes. Faites la comparaison entre les deux visites en vous posant des questions. La discussion commencera peut-être ainsi:

Toi: Quand y êtes-vous allé(e)s?

Réponse: Lundi, le 7.

Toi: Lundi, le 7? Nous, nous sommes allé(e)s jeudi le 10. Combien de jours avez-vous passés là-bas?

Réponse: Nous y avons passé 3 jours.

Toi: 3 jours? Alors nous, nous avons fait aller-retour dans la journée. Qu'est-ce que vous avez fait là-bas?

Réponse: Nous...

Ton journal intime

Fais un récit de cette visite aux îles Anglo-Normandes. Décris, bien sûr, ce que tu as fait mais aussi donne tes réactions devant ce que tu as vu. Fais la comparaison avec la visite faite par tes ami(e)s.

Une lettre reçue

Tu es rentré(e) en Angleterre et les cours ont repris. Au courrier un jour tu reçois la réponse à une lettre que tu as écrite en classe à une jeune Française qui cherchait un(e) correspondant(e) de son âge. Peux-tu bien répondre à sa lettre? Parle un peu de ce que tu as fait pendant les vacances de Pâques et des coutumes anglaises de Pâques (pains chauds épicés aux raisins décorés d'une croix, œufs au chocolat, œufs peints au petit déjeuner). Réponds à ses questions dans la lettre.

Gornac, le 25 avril

Cher/Chère ami(e),

Je te remercie pour ta lettre à
laquelle je réponds. Moi, je
m'appelle Monique et j'ai quinze ans.
Mon anniversaire est le premier septembre.
J'ai deux frères et deux soeurs. Ma mère
garde des enfants et mon père travaille
dans le bâtiment.
Mon sport préféré est le football, c'est
drôle pour une fille, n'est-ce pas ?

Voici mon adresse : Mougard Monique
Aux moulins de Gonin,
33540 Gornac.
(Do you give me your address and ton
nom de famille)
Write me soon.
your friend
Monique
Je t'enverrai ma photo bientôt, pourras-
tu m'envoyer la tienne ?

L2 La lettre du mois d'avril

Maintenant, écris une lettre à un(e) ami(e) français(e) pour lui dire ce qui s'est passé pendant le mois d'avril et les vacances de Pâques (y compris la visite aux îles Anglo-Normandes). N'oublie pas d'ajouter des événements réels de ta vie — tu dois avoir assez de confiance maintenant pour écrire une lettre qui contient de vrais détails!

MAI

L1 Première conversation: «Quand le chat n'est pas là...»

Quelle chance! Tes parents sont partis en vacances en Normandie pour célébrer leurs noces d'argent. Toi, tu es resté(e) à la maison parce que tu as beaucoup de travail à faire pour tes examens! Après tant de devoirs et de révisions continuelles (!), tu décides un jour d'organiser avec un(e) ami(e) une surprise-partie à la maison. Avec ton/ta partenaire tu vas maintenant *discuter* de tout ce qu'il faut acheter, et de qui tu veux inviter. Il y a surtout des listes à faire.

Voilà quelques suggestions pour vous aider:

Dressez d'abord *la liste des invités.*
   (Combien? Qui?)

Toni Pete Jane

Faites ensuite *la liste des achats.*
   (Provisions à acheter)

jambon cidre
Chips limonade

Pour aider votre discussion, voilà quelques décisions que vous devez prendre ensemble. Vous devez décider:

> La date et l'heure de la boum. (En semaine ça ne va pas et tes parents reviendront dimanche — vendredi ou samedi alors?)
>
> Si vous avez assez de disques? Et de cassettes? (Est-ce qu'il faut demander à vos ami(e)s d'en apporter davantage?)
>
> Et les voisins? Il faut les prévenir?
>
> Qui va inviter les ami(e)s?
>
> Qui va faire les achats et quand?
>
> Ce qu'il y a à faire comme préparation à la maison. (Y a-t-il assez de chaises? Faut-il enlever le tapis? Est-ce que le magnétophone marche bien?)
>
> C'est tout? N'avez-vous rien oublié?

L1 **Ton journal intime**

Décris tes plans pour la surprise-partie et les préparations que tu as faites. Parle aussi de l'absence de tes parents et de ce que tu penses faire à la maison maintenant qu'ils ne sont pas là.

L1 **Premier rôle:** Au téléphone

Maintenant il faut téléphoner à tes ami(e)s pour les inviter à la boum. Avec ton/ta partenaire cette fois, complète la conversation téléphonique qui suit. Puisque les détails de la boum ont déjà été décidés, il te sera facile de répondre aux questions posées. Ton/ta partenaire jouera le rôle du père/de la mère.

Toi:	Allô, c'est Claire?
Mère/Père:	Non, c'est sa mère/son père.
Toi:	Ici, c'est _____ .
	Est-ce que je pourrais parler avec Claire s'il vous plaît?
Mère/Père:	Bonjour _____ . Non, elle n'est pas là. Je peux lui laisser un message?
Toi:	Oui, s'il vous plaît. Je voudrais l'inviter à...
Mère/Père:	Une surprise-partie? Alors, où ça?
Toi:	
Mère/Père:	À quelle date?
Toi:	
Mère/Père:	À quelle heure doit-elle arriver?
Toi:	
Mère/Père:	Doit-elle apporter quelque chose? Des boissons, des disques?
Toi:	
Mère/Père:	Peut-elle amener sa correspondante française?
Toi:	
Mère/Père:	Et tes parents? Comment vont-ils?
Toi:	
Mère/Père:	En vacances? Je ne le savais pas. Quand est-ce qu'ils rentreront?
Toi:	
Mère/Père:	Après la surprise-partie alors! Fais bien attention — et si tu as besoin d'un adulte pour t'aider, appelle-moi. C'est promis?
Toi:	
Mère/Père:	Au revoir _____ et bonne boum.

Répète jusqu'à ce que ce soit parfait. Change de rôle et essaie de jouer la conversation sans regarder le schéma à la page ci-contre.

L1 Ton journal intime

Raconte ce qui s'est passé quand tu as téléphoné chez ton amie Claire et quelles questions sa mère/son père t'a posées.

L1 Message: Le jour de la boum

Ton ami(e) va passer chez toi pour t'aider à faire les préparatifs. Tu es sorti(e) un moment. Alors laisse un message sous la paillasson en précisant: où tu es allé(e), pour combien de temps, où tu as laissé la clef de la maison, ce que ton ami(e) peut faire d'abord en t'attendant.

L2 Deuxième conversation: «... les souris dansent»

Alors c'est l'après-midi de la surprise-partie. Il est six heures et les invités vont arriver vers sept heures et demie. Ton ami(e) est là pour t'aider à faire tous les préparatifs. Il/elle te pose des questions pour savoir ce que tu veux et comment tu veux disposer les meubles, les mets, l'électrophone et la chaîne stéréo dans le salon. Avant de commencer tu dois *faire un plan du rez-de-chaussée de ta maison* pour aider ton ami(e). Dessine-le comme il est maintenant en indiquant où se trouvent les pièces et les meubles — comme ça tu pourras facilement dire à ton ami(e) comment tout réorganiser.

Il vous faudra tous/toutes les deux un peu d'imagination, mais vous trouverez ci-dessous et aux pages suivantes plusieurs questions pour vous aider à commencer la conversation et un peu de vocabulaire. Si vous pensez à la dernière fois que vous avez vous-même organisé une boum, vous trouverez facilement d'autres questions.

En ce qui concerne le salon

Alors, c'est dans le salon qu'on va danser?

Et le tapis, qu'est-ce qu'il faut en faire?

Tu veux laisser la télé dans le salon?

Et la lampe?

Que dois-je faire avec les fauteuils et le canapé?

Où est-ce que je mets la chaîne?

Il nous faut peut-être encore des chaises et des coussins.

Où est-ce que je peux en chercher d'autres? (Dans la salle à manger? Dans les chambres?)

Où va-t-on laisser les manteaux et les anoraks? (Dans une chambre?)

En ce qui concerne les mets

Alors, je peux t'aider avec la nourriture?

Tu vas tout mettre dans la cuisine?

Qu'est-ce que je fais d'abord?

Où sont les verres?

Où sont les couteaux, etc.

Je cherche le tire-bouchon/l'ouvre-boîtes/les assiettes.

En ce qui concerne les amis

Tu crois que _____ va venir?

Elle sort toujours avec _____ ?

_____ viendra avec _____ ? Tu crois?

Pourquoi est-ce que _____ ne peut pas venir?

Je n'aime pas _____ , et toi?

Je trouve _____ très sympa. Toi aussi?

Pour t'aider

pousser le (canapé) contre le mur

enrouler le tapis

mettre la télé (etc) dans la salle à manger

le placard

faire des sandwiches

laver les verres

aller chercher les bouteilles dans le garage

ouvrir des boîtes

faire la vaisselle

chercher les couteaux, fourchettes, cuillères

tout placer sur la grande table de la cuisine

En ce qui concerne les vêtements

Qu' est-ce que tu vas porter ce soir?

Tu as quelque chose de nouveau?

Tout est prêt? C'est sûr? Bien — alors maintenant change de rôle (et de maison). Ton/ta partenaire doit faire un plan du rez-de-chaussée de *sa* maison pour t'aider. La conversation ira plus vite cette fois sans doute.

L2 **Ton journal intime**

Raconte ce qui s'est passé à la boum. C'était un succès? Combien d'invités sont arrivés? Vous avez bien dansé? À quelle heure tout le monde est enfin parti? Tu t'es couché(e) à quelle heure? Tu t'es levé(e) à quelle heure?

L2 **Deuxième rôle:** Le soir après la boum

Après une journée de travail acharné, la maison a repris à peu près son apparence normale! Tout a été remis à sa place, la vaisselle est faite, le salon est propre. C'est juste à temps, voilà tes parents qui arrivent! (Choisis deux partenaires pour jouer les rôles de tes parents.) Complète la conversation qui suit — ne mens pas trop!

Père et mère:	Bonjour _____ . Nous voilà de retour. Ça va?
Toi:	Bonjour papa, bonjour maman. Oui, oui, ça va bien. Et vous, les vacances se sont bien passées?
Mère:	Parfaites. Mais dis-donc, tu as l'air un peu fatigué — et toutes ces bouteilles dans la poubelle, qu'est-ce que ça veut dire?
Toi:	
Père:	Une surprise-partie? Ici? Sans nous? Ça alors! Il y avait combien d'invités? C'était hier soir?
Toi:	
Mère:	Qui est venu?
Toi:	
Père:	Et ma chaîne stéréo?
Toi:	

Père:	Vous n'avez pas fait trop de bruit? À quelle heure sont-ils tous partis?
Toi:	
Mère:	Vous n'avez pas bu de boissons alcoolisées, j'espère.
Toi:	(Innocent[e])
Mère:	Qui t'a aidé à tout préparer?
Toi:	
Père:	(Revenant du salon) Mais c'est impeccable là-dedans. Pas de dégâts. Tout est en ordre. Tu as bien travaillé. Qui t'a aidé à tout nettoyer?
Toi:	
Mère:	(Revenant de la cuisine) Bon. Je suis rassurée , tout a l'air normal. Bravo! Tout le monde s'est bien amusé alors?
Toi:	(En leur offrant un petit cadeau)
Père et mère:	Pour nous? Oh, il ne fallait pas. Comme tu es gentil(e)!
Toi:	Alors, racontez-moi maintenant ce que vous avez fait pendant vos vacances.
Père et mère:	Eh bien,...

Phew! C'était juste, mais tu l'as échappé belle et tu as réussi à changer de sujet! Joue la scène avec tes parents devant toute la classe.

L2 Ton journal intime

Décris la matinée après la fameuse boum. Quelle scène t'attendait quand tu es descendu(e) et entré(e) dans le salon? Qu'est-ce qu'il a fallu faire pour tout nettoyer, remettre en ordre et réparer les dégâts? Raconte l'arrivée de tes parents.

L2 Narration: Le mai de Guillaume et Mathilde

Quand tes parents étaient partis ils ont visité la Normandie pour retrouver les traces de Guillaume le Conquérant, roi d'Angleterre et duc de Normandie. Étudie bien la page de la brochure et le plan, parce que tu vas jouer le rôle de ton père ou de ta mère! Tu vas tout raconter à ton/ta partenaire (qui va peut-être te poser des questions supplémentaires). Pour t'aider tu pourras préparer un itinéraire détaillé avant de commencer le récit si tu veux (voir page 88).

LE MAI DE GUILLAUME ET MATHILDE

VENDREDI 15 MAI LES GRANDES HEURES DE GUILLAUME, DUC DE NORMANDIE

Une mise en scène des principales étapes de la vie du Conquérant, jouée, chantée et dansée par plus de 200 jeunes rassemblés par les Scouts de France.

A 21 h, dans l'enceinte du Château. Entrée libre. Mise en scène : Georges DOBBELAERE. Musique : Pierre BERNARD.

SAMEDI 16 MAI LA JOYEUSE ENTREE DE GUILLAUME ET MATHILDE

Partant de leurs abbayes respectives - l'Abbaye-aux-Hommes et l'Abbaye-aux-Dames - les deux magnifiques effigies géantes de Guillaume et de Mathilde en pied vont cheminer dès 15 h l'une vers l'autre jusqu'aux murailles du Château. Des milliers d'enfants masqués, tout droit sortis d'un bestiaire de rêve, les rejoignent en cohortes en chantant à tue-tête les chansons du Mai de Guillaume et Mathilde.

Direction artistique et coordination : Atelier d'A
Dîner médiéval à l'Echiquier (réservations : 31.86.27.65). On dînera également à sa guise de grillades, mets et douceurs d'antan, aux alentours du Château.

DIMANCHE 17 MAI LA MARCHE DUCALE DE GUILLAUME ET MATHILDE

La ville en fête : un cortège de mille mètres pour un défilé de trois heures. A la suite des géants, sportifs, gymnastes et 200 cavaliers, artistes et funambules, habitants jeunes et moins jeunes costumés, spectateurs ou acteurs sur des chars illustrant des scènes historiques, tous traverseront la ville au son des fanfares françaises et étrangères, dont le *Sydney Bicentennial Marching Band* venu pour cela d'Australie. Au crépuscule, l'*Au Revoir des Bons Géants de Caen*, clôturera le *Mai de Guillaume et Mathilde.*

CaEn A N N E E *Guillaume*

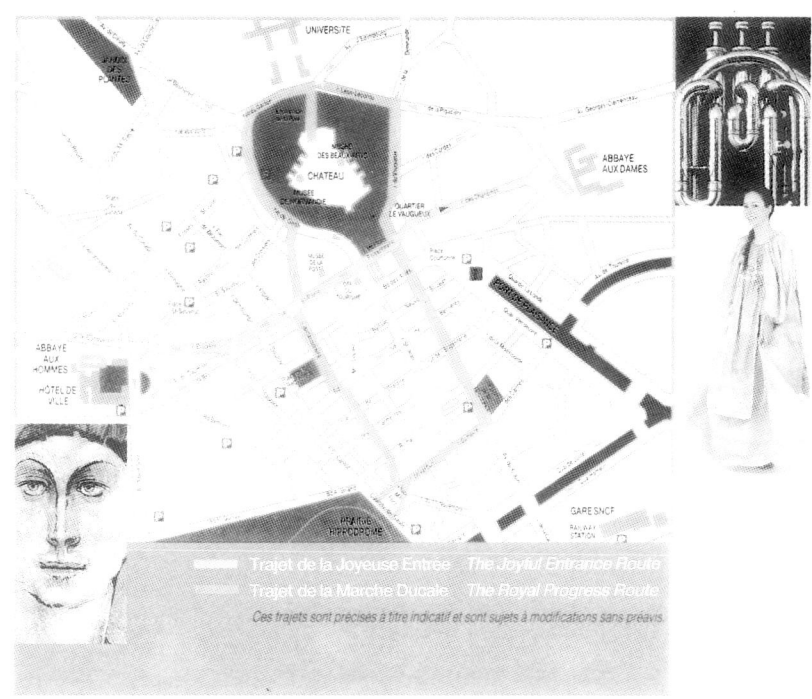

Trajet de la Joyeuse Entrée   *The Joyful Entrance Route*
Trajet de la Marche Ducale   *The Royal Progress Route*

Ces trajets sont précisés à titre indicatif et sont sujets à modifications sans préavis.

LE CONQUERANT 1087 - 1987

En voici un schéma possible — c'est à toi d'ajouter les détails en lisant la brochure.

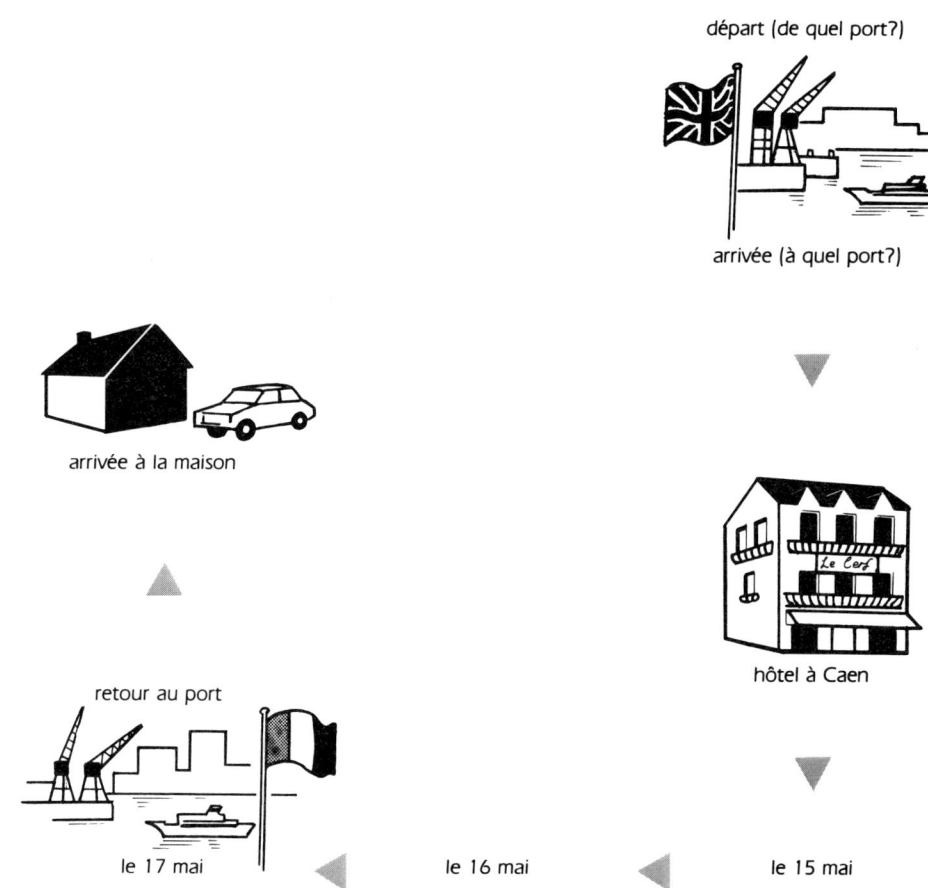

départ (de quel port?)

arrivée (à quel port?)

arrivée à la maison

retour au port

hôtel à Caen

le 17 mai   le 16 mai   le 15 mai

Ton/ta partenaire va aussi préparer un itinéraire, mais séparément. Quand tu as fini *ton* récit, demande à ton/ta partenaire de décrire ce qu'il/elle a fait en Normandie. Il y aura sans doute des différences entre ce que tu as fait et ce qu'il/elle a fait.

L2 **Message:** Carte postale

Tes parents t'ont envoyé une carte postale pendant leur visite. Ton père est très fier de ses progrès en français. Alors qu'est-ce qu'il a écrit?

L2   Ton journal intime

Raconte un peu ce que tes parents ont fait pendant leur visite en Normandie, ce qu'ils ont vu, où ils ont passé la nuit et s'ils ont été contents des traversées.

L1   Une lettre reçue

Quand ils étaient à Caen tes parents ont reçu de toi la lettre ci-dessous! Imagine la réaction de ta mère et réponds vite comme si tu étais à sa place! Quelles questions vas-tu poser, quelles réactions as-tu devant ce que tu lis dans la lettre?

Le 17 mai

Chère maman, cher papa,

Tout d'abord, je vous remercie de votre jolie carte postale, la région où vous passez vos noces d'argent semble très belle.

Ici à la maison tout se passe bien à part l'évier qui est bouché et le robinet qui est coincé, j'ai quand même réussi à éponger toute l'eau dans le salon et dans la salle de bain. J'ai oublié de rebrancher le réfrigérateur après avoir écouté des disques dans la cuisine; aussi a-t-il fallu jeter la viande à la poubelle mais il me reste les boîtes de conserves. Comme vous voyez, vous pouvez dormir tranquilles et passer la dernière semaine comme prévu en Normandie.

Je vous embrasse très fort.

L2 **La lettre du mois de mai**

Quel mois! Raconte à ton/ta correspondant(e) ce qui s'est passé — l'absence de tes parents, la surprise-partie et le travail pour les examens que tu as fait (Ah! tu avais oublié ça?). N'écris pas plus de 150 mots en tout.

JUIN

[L2] **Première conversation:** Ton avenir

C'est déjà le mois de juin! Le collège pour toi, c'est presque fini, si tu es en classe de seconde. Ou tu vas quitter l'école pour trouver un emploi, ou tu vas continuer au lycée. Alors réponds aux questions que va te poser ton/ta partenaire sur ta vie jusqu'ici au collège et sur ton avenir.

Première partie

Tu es ici au collège depuis combien d'années?

Tu as quel âge exactement maintenant?

Quelles matières étudies-tu pour le brevet (GCSE)?

Quelles sont tes matières préférées?

Dans quelle matière es-tu le plus fort?

Est-ce que tu as pratiqué un sport? Lequel? Souvent?

Est-ce que tu joues d'un instrument de musique? Lequel?

Est-ce que tu appartiens à des clubs? Lesquels?

Deuxième partie

Alors, quand est-ce que les examens commencent au juste?

Tu en passes combien?

Est-ce que tu as fait beaucoup de révision?

Combien d'heures par jour?

Est-ce que tu comptes avoir de bons résultats?

Quand est ton dernier examen?

Troisième partie

Qu'est-ce que tu vas faire après avoir terminé tes études? (Tu as un bon emploi déjà, ou vas-tu entrer au lycée au mois de septembre?)

ou Quelle sorte d'emploi as-tu trouvé?

ou Quelles matières vas-tu étudier alors?

ou Tu vas chercher un petit emploi pour gagner de l'argent?

Quand tu auras économisé assez d'argent, qu'est-ce que tu veux en faire? (Prendre des vacances? Acheter quelque chose?)

Est-ce que tu regrettes un peu de quitter le collège et tes ami(e)s?

Voilà l'interview terminé. Change de rôle et pose les mêmes questions à ton/ta partenaire. Les réponses bien sûr seront différentes.

L2 Ton journal intime

Raconte ce que tu vas faire maintenant que tes études sont presque terminées. Quels sont tes projets pour les vacances et pour septembre prochain?

L1 Premier rôle: L'interview

Tu es arrivé(e) en France chez ton/ta correspondant(e) qui habite à Nantes et tu veux trouver un petit emploi pour gagner un peu d'argent et pour perfectionner ton français. Alors tu vas à un café/restaurant et tu parles avec le patron/la patronne. Ton/ta partenaire va jouer le rôle du patron/de la patronne. Complétez tous/toutes les deux la conversation suivante:

Patron(ne): Bonjour, mademoiselle/jeune homme.
Toi: Bonjour, monsieur/madame. Je suis venu(e) pour le poste de garçon/serveuse. Vous cherchez toujours quelqu'un?
Patron(ne): Oui, en effet. Bien, je peux vous poser quelques questions?
Toi: Mais oui, monsieur/madame.
Patron(ne): Alors, de quelle nationalité êtes-vous?
Toi:
Patron(ne): C'est parfait, puisque nous avons beaucoup de touristes anglais et américains. Où logez-vous actuellement?
Toi:
Patron(ne): Combien de temps restez-vous en France?

Toi:

Patron(ne): Vous voulez travailler à temps partiel ou à temps complet?

Toi:

Patron(ne): Quel âge avez-vous au juste?

Toi:

Patron(ne): Avez-vous déjà travaillé dans un restaurant?

Toi:

Patron(ne): Bien, je peux vous offrir le poste si vous le voulez. Avez-vous peut-être des questions à me poser?

Toi: Oui, monsieur/madame. À quelle heure dois-je commencer le matin?

Patron(ne):

Toi: Et l'après-midi et le soir?

Patron(ne):

Toi: Combien gagnerai-je par heure?

Patron(ne):

Toi: Il y a un jour de congé?

Patron(ne): Oui, le lundi.

Toi: Très bien. Je voudrais travailler ici. Je vous remercie. Quand voulez-vous que je commence?

Patron(ne):

Toi: Alors, à demain matin — au revoir monsieur/madame.

Change de rôle bien sûr et répète jusqu'à ce que vous n'hésitiez pas dans vos rôles. Essayez tous/toutes les deux de jouer la scène sans regarder le livre.

L1 **Ton journal intime**

Raconte ce qui s'est passé pendant cette interview. Comment était le patron/la patronne? Décris le restaurant — c'est grand? petit? très snob? ou plutôt rustique? Tu es content(e) d'avoir cet emploi?

L2 **Deuxième conversation:** La première journée au travail

Tu as bien complété ta première journée de travail au restaurant. Tu es content(e) mais fatigué(e). À la maison, ton/ta correspondant(e) va t'interroger pour savoir comment tout s'est déroulé. Alors, sers-toi de ton imagination (ou de ton expérience si tu as vraiment travaillé comme serveuse ou garçon) pour décrire la journée que tu as passée.

Voilà les questions que ton/ta correspondant(e) va te poser:

À quelle heure est-ce que tu es arrivé(e) au resto?

Qu'est-ce que tu as dû faire d'abord?

Combien de tables y a-t-il dans le resto?

Décris exactement ce que tu as dû mettre sur la table.

À quelle heure est-ce que les premiers clients sont arrivés?

Tu les as servis? Qu'est-ce qu'ils ont choisi comme repas? Comme boissons?

Est-ce qu'il y a eu des clients anglais ou américains ce jour-là?

Quelle était leur réaction quand ils ont compris que tu étais Anglais(e)?

Ils t'ont laissé un bon pourboire?

Quand est-ce que tu as eu l'occasion de manger, toi?

Et l'après-midi, tu as pu te reposer un peu?

Quand est-ce que tu as repris le travail?

Il y a eu beaucoup de monde ce soir? Tous des Français?

Il y a eu un incident amusant pendant la soirée?

Tu as bien compris tout ce qu'on t'a dit?

Qu'est-ce que les Français ont dit quand ils ont réalisé que tu étais Anglais(e)? Ils t'ont posé beaucoup de questions sur ce que tu fais en France?

Alors, en somme, tu es content(e) de ta première journée de travail?

Pour t'aider

passer un coup de balai

mettre le couvert

débarrasser la table

apporter la carte

prendre les commandes

servir les plats

apporter à boire

Change de rôle comme d'habitude. Pour finir, essayez de tenir la conversation sans vous référer aux questions.

L2 **Ton journal intime**

Il te sera facile maintenant de décrire brièvement ta première journée de travail au restaurant. Est-ce que tu aimes le travail? C'est difficile? Fatigant? Comment as-tu trouvé les clients?

L2 **Message**

Au restaurant ils t'ont demandé de changer tes heures de travail aujourd'hui. Écris un message pour tes amis français disant ce qui s'est passé, quand tu dois maintenant travailler (tard, ce soir), à quelle heure tu seras de retour et le fait que tu prendras un taxi pour rentrer.

L1 **Deuxième rôle:** Au restaurant

Tu es toujours au restaurant. Le soir une famille française arrive. Tu dois jouer ton rôle de garçon (ou de serveuse), en leur indiquant une table, en leur apportant la carte, etc. Demande à un(e) ou à plusieurs partenaires de jouer le rôle du père et des autres membres de la famille.

Toi:	Bonsoir, monsieur. Bonsoir, madame. C'est pour combien?
Partenaire:	
Toi:	Venez par ici, s'il vous plaît.
Partenaire:	C'est bien. Apportez-nous la carte et la carte des vins, s'il vous plaît.
Toi:	
Partenaire:	Vous n'êtes pas français(e), n'est-ce pas?
Toi:	
Partenaire:	Où habitez-vous en Angleterre?
Toi:	
Partenaire:	C'est dans le sud?
Toi:	
Partenaire:	Vous restez ici pendant combien de temps?
Toi:	
Partenaire:	Que voulez-vous faire alors après les vacances — continuer vos études?
Toi:	
Partenaire:	Très bien, bonne chance! (À la famille) Tout le monde a choisi? Alors on va commander. Ça fait 3 menus à 65 francs et un menu à 75. Et comme boisson une bouteille rouge de la réserve du restaurant. (Au garçon/à la serveuse) Vous avez tout ça?
Toi:	(Répète la commande.)
Partenaire:	C'est ça.

L1 Ton journal intime

Décris la famille française qui t'a posé tant de questions. Qu'est-ce qu'ils ont choisi pour manger? Raconte d'autres détails de ta journée de travail.

L1 Narration: Promenade dans le Vieux Nantes

Tu as un jour de repos du restaurant et tu vas explorer un peu la ville de Nantes avec un(e) ami(e) anglais(e). À l'Office du Tourisme on vous donne une brochure sur le Vieux Nantes et vous décidez de suivre l'itinéraire recommandé. Alors étudie bien le plan et raconte ce que vous avez vu et fait ensemble à ton/ta correspondant(e) français(e).

La route recommandée est à la page ci-contre mais étudie bien les détails dans la brochure pour pouvoir ajouter des détails intéressants.

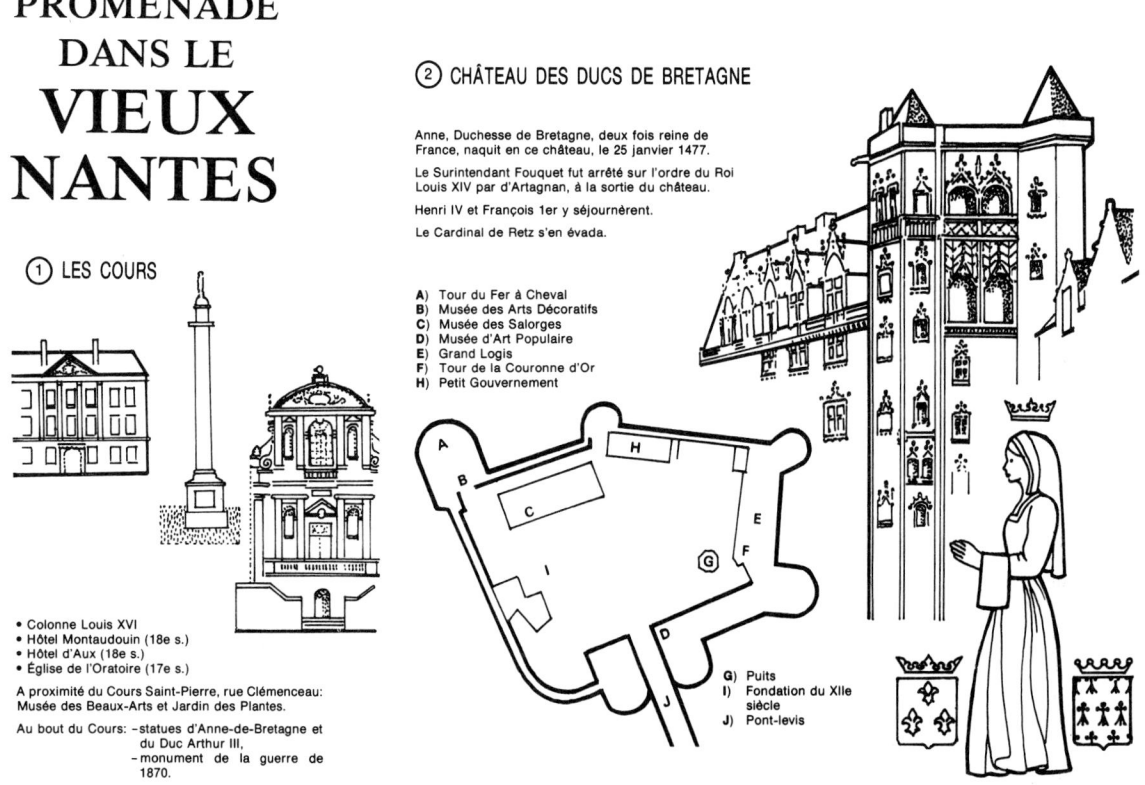

PROMENADE DANS LE **VIEUX NANTES**

① LES COURS

- Colonne Louis XVI
- Hôtel Montaudouin (18e s.)
- Hôtel d'Aux (18e s.)
- Église de l'Oratoire (17e s.)

A proximité du Cours Saint-Pierre, rue Clémenceau:
Musée des Beaux-Arts et Jardin des Plantes.

Au bout du Cours: – statues d'Anne-de-Bretagne et du Duc Arthur III,
– monument de la guerre de 1870.

② CHÂTEAU DES DUCS DE BRETAGNE

Anne, Duchesse de Bretagne, deux fois reine de France, naquit en ce château, le 25 janvier 1477.

Le Surintendant Fouquet fut arrêté sur l'ordre du Roi Louis XIV par d'Artagnan, à la sortie du château.

Henri IV et François 1er y séjournèrent.

Le Cardinal de Retz s'en évada.

A) Tour du Fer à Cheval
B) Musée des Arts Décoratifs
C) Musée des Salorges
D) Musée d'Art Populaire
E) Grand Logis
F) Tour de la Couronne d'Or
H) Petit Gouvernement

G) Puits
I) Fondation du XIIe siècle
J) Pont-levis

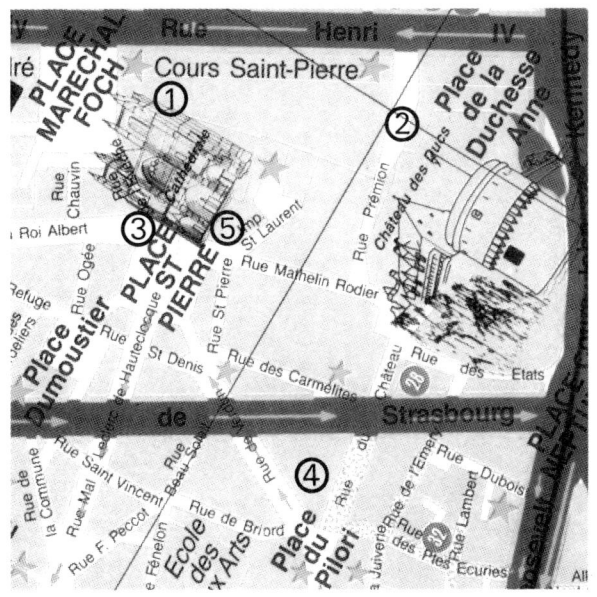

④ PLACE DU PILORI

La place doit son nom au pilori venu de la Place Saint-Pierre au début du 16e s. Il existait aussi sur la place un puits triangulaire dit Puits Lory qui fut comblé en 1861.

- Maison du 18e s. (no 4).

- Façade à mascarons (no 12).

- Rue Saint-Pierre, maison à colombage du 15e s.

③ PORTE SAINT-PIERE

Porte construite sur les fondations de l'ancienne enceinte du 3e siècle.

Une nouvelle voûte fut construite en 1482. Elle fut surmontée d'un logis en 1502.

Par cette porte, Henri IV entra dans la ville pour signer l'Édit-de-Nantes en 1598.

⑤ LA CATHÉDRALE

Commencé en 1434, terminé en 1891, le chantier de la Cathédrale dura 457 ans.

«L'an mille quatre cent trente quatre.
A mi-avril, sans moult rabatre
Au portal de ceste église
Fut la première pierre assise.»

- Mausolée de François II et de Marguerite de Foix, dessiné par Jean Perréal, sculpté par Michel Colomb.

- Cénotaphe du Général Lamorichière.

- Orgues des 17e et 18e siècles (monument historique).

- En 1943, les bombardements atteignirent la Cathédrale. Un incendie la ravagea en 1972.

- A proximité, la Psalette, entrée à droite de la Cathédrale.

Contourner la Cathédrale par la gauche. Passer sous la Porte Saint-Pierre et suivre le Cours Saint-Pierre derrière l'édifice.

L1 **Ton journal intime**

Décris comment tu as passé ta journée à Nantes (la visite à l'Office du Tourisme, la promenade, ce que tu as vu, ce que tu as acheté, comment tu es rentré(e) à la maison). Essaie d'écrire sans consulter trop souvent la brochure.

L1 **La lettre reçue**

Voilà une lettre que tu as reçue d'une amie française qui vient de commencer un emploi. Étudie bien ce qu'elle dit et écris une réponse où tu décris tes propres projets. Réponds bien sûr aux questions qu'elle te pose.

Pompignac, le 28 Juin

Chère Caroline,

J'ai enfin terminé mes examens ! Je vais maintenant pouvoir choisir mon activité et ne plus travailler tous les soirs. Je n'aurai plus besoin de rester tous les week-ends à la maison pour réviser. J'ai trouvé un emploi qui me plaît beaucoup dans un bureau, mes horaires ne sont pas très fatigants et toutes mes soirées sont libres. De plus, je vais enfin avoir la possibilité d'être indépendante. Je vais gagner de l'argent et je vais pouvoir sortir et m'amuser plus qu'avant. Et toi, que fais-tu maintenant ? Vas-tu continuer tes études et chercher un emploi pour l'été ou vas-tu quitter l'école définitivement comme je l'ai fait ? Je te souhaite de passer de bonnes vacances. Écris-moi pour me donner de tes nouvelles.

À bientôt, je t'embrasse,

Sophie.

L2 **La lettre du mois de juin**

Encore un mois très chargé! Écris à ton/ta correspondant(e) une lettre où tu lui dis ce que tu as fait — les examens passés, tes projets pour l'avenir, tes réactions en quittant le collège, l'emploi au restaurant, la visite à Nantes. Tout ça sans regarder ton journal intime cette fois. Écris à peu près 150 mots.